Bryn Mawr Latin Commentaries

Livy
Book I

Julia Haig Gaisser
and
T. Davina McClain

Thomas Library
Bryn Mawr College
Bryn Mawr, Pennsylvania

The Bryn Mawr Latin Commentaries are supported by a generous grant from the Division of Education Programs of the National Endowment for the Humanities

Copyright ©2000 by **Bryn Mawr Commentaries**

Manufactured in the United States of America
ISBN 0-929524-93-4
Printed and distributed by
Bryn Mawr Commentaries
Thomas Library
Bryn Mawr College
101 North Merion Avenue
Bryn Mawr, PA 19010-2899

Bryn Mawr Latin Commentaries

Editors

Julia Haig Gaisser
Bryn Mawr College

James J. O'Donnell
University of Pennsylvania

The purpose of the Bryn Mawr Latin Commentaries is to make a wide range of classical and post-classical authors accessible to the intermediate student. Each commentary provides the minimum grammatical and lexical information necessary for a first reading of the text.

Introduction

by T. Davina McClain

Our information about the life of Livy (Titus Livius 59 BC-17 AD) comes from statements made about him by others, anecdotes, and the interpretation of some inscriptions. From what we can surmise, he was born at Patavium (modern Padua) in northern Italy. An epitaph (*CIL* v 2975) names a Titus Livius and his wife, Cassia Prima, and two sons. Livy also had a daughter, Livia Quarta (*CIL* v 2865), who married Lucius Magius. Quintilian tells us that he urged his son to study and imitate the style of Cicero and Demosthenes (Quint. 10. 1.39). He was acquainted with the emperor Augustus (Tacitus, *Annales* 4.34.3) and even participated to some extent in the education of the future emperor Claudius by urging him to write history (Suetonius, *Life of Claudius* 41.1). In addition to his massive history of Rome, Livy is also known to have written philosophical dialogues (now lost).

As its traditional title *Ab urbe condita* (*From the Foundation of the City*) suggests, Livy's history traced the history of Rome from its beginnings. Livy began to compose his history at the beginning of Augustus' reign (between 27 BC and 25 BC); we do not know whether the work was finished at the time of his death. Its 142 books began with the events leading up to the founding of Rome (traditionally dated to 753 BC) and continued down to 9 BC. The final books (121-142), which treated the years 43 to 9 BC (the rise of Augustus and much of his reign), were published only after Livy's death, reportedly at his request. It is impossible to say whether Livy's caution resulted from fear of displeasing Augustus or from fear of seeming to flatter him. Some scholars have suggested that he planned to end the history with his account of the murder of Cicero in 43 BC and the eulogy that accompanies it (Livy 120.50) but that Augustus urged him to continue his work to include his reign.

Only 35 of Livy's original 142 books survive. We have books 1-10 (the "First Decade"), which cover the years 753-293 BC, and books 21-45 (with some gaps in books 41 and 43-45), which cover the years 218-167 BC.

Livy's history was and is a remarkable work. His narrative, supported by corroborating archaeological evidence, has long served as the basis for most textbook accounts of Roman history, especially for its early days (753-509 BC). As a writer Livy offers a periodic style that entices and envelopes the reader in its *lactea ubertas* ("milky richness"), as Quintilian (10.1.32) so aptly described it. As a historian, Livy studied the works of his predecessors, made judgments about their veracity, and used their accounts to construct his own narrative of the past. He is interested in individuals, in families, in the surprising ways in which seemingly insignificant events can bring about great changes for good or ill. And all of this he weaves into a narrative that attempts to make sense of both the mythical and the historical traditions about Rome's past.

Book 1 is preceded by a Preface (*Praefatio*), in which Livy suggests both his own modest desire for recognition and his passion for Rome. Here he presents a clear guide to what he finds so valuable in studying the city's history: it offers the reader a chance to learn from the mistakes and successes of the figures of the past and it provides the historian himself an opportunity to escape the turmoil of his own time. For Livy history is a monument like a group of statues. He says:

> This is especially salutary and profitable in the study of history – for you to look at instructive examples of every kind placed on a conspicuous monument. From it you should choose – for yourself and your country – what to imitate, and also what to avoid as disgraceful both in its inception and in its outcome. (*Praefatio* 10)

From the past one can learn how a great state – as Rome surely was – developed from humble beginnings, and how its greatness threatened to destroy it.

Book 1 covers the events leading up to the foundation of the city, its foundation, and the whole period of its government as a monarchy. It ends with the overthrow of the monarchy and the election of the first consuls in 509 BC. Already at Rome's very beginning Livy shows us examples of the best and worst in the human (and Roman) character: *virtus, libido, pudicitia, avaritia, concordia,* and *ambitio*. He narrates the events from the arrival of Aeneas in Latium to the evil conduct of Lucius Tarquinius Superbus, from the marriage of Lavinia to the rape of Lucretia, from family betrayal to selfless patriotism, from slavery to freedom, from domestic turmoil to war to peace. These are the stories of Rome that have most fascinated subsequent generations: Romulus and Remus with the she-wolf, the rape of the Sabines, Tarpeia, the duel of the Horatii and Curiatii, the murder of Horatia, the violation of Lucretia, the ambition of Tanaquil and Tullia, and the emergence of Brutus the liberator. It is to this period that the Romans looked for the development of the ideals and virtues that they liked to think they lived by.

That Livy was recognized for his work in his own day is suggested by the story that the younger Pliny tells about a Spaniard who traveled to Rome solely for the purpose of seeing the great historian (*Epistulae* 2.3.8). He looked at Livy without a word and then promptly returned home. Listeners tolerated the poor oratory of his son-in-law Magius out of respect for the historian (Seneca, *Controversiae* 10 *praef.* 2). Modern scholars have not always been so kind. In recent years, however, there has been a renewed interest and a renewed respect for Livy as a writer and as a historian. The *Bibliography* below lists some books and articles in English that contain useful interpretations and background information about Livy and especially Book 1 of his history.

The text is that of R. M. Ogilvie (Oxford, 1974).

Select Bibliography

H. V. Cantor. "Livy the Orator," *Classical Journal* 9 (1913) 24-34.
G. Forsythe. *Livy and early Rome: a study in historical method and judgment.* Stuttgart, 1999.
H. E. Gould and J. L. Whiteley. *Livy: Book 1.* Reprint: New York, 1993.
M. Jaeger. *Livy's Written Rome.* Ann Arbor, 1997.
T. Janson. *Latin Prose Prefaces: Studies in Literary Convention.* Stockholm, 1964.
I. Kajanto. "Notes on Livy's Conception of History," *Arctos* 2 (1957) 55-63.
C. S. Kraus. *Livy: Ab Urbe Condita Book VI.* Cambridge, 1994. (Kraus's introduction is excellent for all aspects of Livy's work.)
T. J. Luce. *The Rise of Rome.* Oxford, 1998. (a new translation of Books 1-5)
G. B. Miles. *Livy: Reconstructing Early Rome.* Ithaca, N. Y., 1995.
J. Moles. "Livy's Preface," *Proceedings of the Cambridge Philological Society* 39 (1993) 141-68.
T. J. Moore. "Morality, History and Livy's Wronged Women," *Eranos* 91 (1993) 38-46.
R.M. Ogilvie. *A Commentary on Livy Books 1-5.* Oxford, 1965.
R. Syme. "Livy and Augustus," *Harvard Studies in Classical Philology* 64 (1959) 27-87.
E. Vandiver. "The Founding Mothers of Livy's Rome: The Sabine Women and Lucretia," pp. 206-32 in *The Eye Expanded: Life and the Arts in Greco-Roman Antiquity.* Eds. F. B. Titchener and R. F. Moorton. Berkeley, 1999.
P. G. Walsh. "Livy's Preface and the Distortion of History." *American Journal of Philology* 76 (1955) 369-81.
_____. *Livy: His Historical Aims and Methods.* Cambridge, 1961.
A. J. Woodman. *Rhetoric in Classical Historiography: Four Studies.* London, 1988.

Abbreviations

AG: *Allen and Greenough's New Latin Grammar for Schools and Colleges.*
Ogilvie: R.M. Ogilvie. *A Commentary on Livy Books 1-5.* Oxford, 1965.
OLD: *Oxford Latin Dictionary.*
sc.: *scilicet*, "supply."

CONSPECTVS SIGLORVM

𝔓 = Pap. Oxyrh. 1379
V = Codex Veronensis
  rescriptus
M = Codex Mediceus
Vorm. = Codex Vormatiensis
  nunc deperditus
H = Codex Harleianus

W = fragmentum codicis
  Fuldensis
K = fragmentum codicis
  Hauniensis
E = Codex Einsiedlensis
O = Codex Oxoniensis
P = Codex Parisiensis
U = Codex Vpsaliensis

Ω = consensus omnium codicum
N = consensus codicum Symmachianorum
Δ = consensus codicum *HWKEOPU*, uel eorum qui unoquoque loco extant
π = consensus codicum *EOPU*, uel eorum qui unoquoque loco extant

Gron. = I. F. Gronouius (1645)
Drak. = A. Drakenborch (1738)
† = indicat locum desperatum
⟨ ⟩ = includunt supplementa textui quae credo necessaria

Hae sunt reliquiae quae supersunt codicis V, sed saepe mancae, semper obscurae: 3. 6. 5 ueniat...9. 3 regium, 11.5 offerrent...14. 3 impetus suos [cum], 18. 9 prius...22. 5 ab Aequis, 22. 8 in]de...23. 3 rapit, 23. 5 recipientis...24. 5 commea[tu, 26. 8 iugerum...27. 7 [n]ox aut, 29. 5 cum carmine...31. 2 iace[ret, 34. 6 unoquo]que...36. 1 personae, 37. 8 nobilis...38. 9 us[quam, 42. 3 inter...45. 6 ac[cendisset, 50. 13 Auen]-tinum...51. 13 aiebant, 56. 11 et misericordia...57. 10 quib[us, 60. 10 fluctuan]tem...68. 8 Algidum, 4. 7. 2 tribunos...8. 3 an[nos, 9. 11 optumates...15. 3 po[pulo, 16. 7 et uariis...18. 2 Tolumnius, 21. 3 ro]gationem... 27. 4 acies, 33. 9 ab tergo...35. 8 ce[rtamina, 36. 3 ab urbe...37. 1 anno, 54. 3 Silius...57. 6 P. Cornelio, 57. 10 u]ero...59. 7 ne quis, 5. 2. 8 dictatoris...9. 1 ma[gistratum, 23. 6 trium[phusque...24. 10 quam, 27. 5 tui...28. 4 recenti, 30. 6 ut...33. 10 om[nia, 39. 5 barbaris...41. 10 caedem, 43. 4 frumentum...46. 6 auspicioque, 48. 9 gla]dius...51. 7 praetermissum, 52. 10 ueterum...53. 6 multitu[dinem, 54. 7 deimmouisse...55. 5 similis.

T. LIVI
AB VRBE CONDITA

PRAEFATIO

FACTVRVSNE operae pretium sim si a primordio urbis res populi Romani perscripserim nec satis scio nec, si sciam, dicere ausim, quippe qui cum ueterem tum uolgatam esse 2 rem uideam, dum noui semper scriptores aut in rebus certius aliquid allaturos se aut scribendi arte rudem uetustatem superaturos credunt. Vtcumque erit, iuuabit tamen rerum 3 gestarum memoriae principis terrarum populi pro uirili parte et ipsum consuluisse; et si in tanta scriptorum turba mea fama in obscuro sit, nobilitate ac magnitudine eorum me qui nomini officient meo consoler. Res est praeterea et 4 immensi operis, ut quae supra septingentesimum annum repetatur et quae ab exiguis profecta initiis eo creuerit ut iam magnitudine laboret sua; et legentium plerisque haud dubito quin primae origines proximaque originibus minus praebitura uoluptatis sint, festinantibus ad haec noua quibus iam pridem praeualentis populi uires se ipsae conficiunt: ego 5 contra hoc quoque laboris praemium petam, ut me a

Inscriptio TITI LIVI AB VRBE COND· LIBER ·I· HVIVS PRAEF *M*:
   TITI LIVI AB VRBE CONDITA LIB ·I· INCIPIT *P*:
   TITI LIVII AB VRBE CONDITA PRIMAE DECADIS INCIPIT PRIMVS LIBER *U*:
   Incip prefatio Titi Liuii In libris Antiquitatum Ab urbe condita *O*
1 operae pretium sim *Sabellicus, coll. Quint.* 9. 4. 74: sim operae pretium **N** (*sed in O inter* sim *et* operae *interposita est clausula* si a primordio . . . perscripserim *quam suo loco restituit O*ᶜ) 3 et ipsum **N**: *ante* ipsum *add.* me *M*ᶜᵃˡ, id est me *O*ˢˡ sit *Δ*: est *M* eorum me *MPU*: eorum *HOE*: eorum meo *M*ᶜ *Gron.* meo **N**: me *M*ᶜ *Gron.* 4 sint] sunt *M*

I

PRAEFATIO

conspectu malorum quae nostra tot per annos uidit aetas, tantisper certe dum prisca illa tota mente repeto, auertam, omnis expers curae quae scribentis animum, etsi non flectere a uero, sollicitum tamen efficere posset.
6 Quae ante conditam condendamue urbem poeticis magis decora fabulis quam incorruptis rerum gestarum monumentis traduntur, ea nec adfirmare nec refellere in animo
7 est. Datur haec uenia antiquitati ut miscendo humana diuinis primordia urbium augustiora faciat; et si cui populo licere oportet consecrare origines suas et ad deos referre auctores, ea belli gloria est populo Romano ut cum suum conditorisque sui parentem Martem potissimum ferat, tam et hoc gentes humanae patiantur aequo animo quam
8 imperium patiuntur. Sed haec et his similia utcumque animaduersa aut existimata erunt haud in magno equidem
9 ponam discrimine: ad illa mihi pro se quisque acriter intendat animum, quae uita, qui mores fuerint, per quos uiros quibusque artibus domi militiaeque et partum et auctum imperium sit; labante deinde paulatim disciplina uelut dissidentes primo mores sequatur animo, deinde ut magis magisque lapsi sint, tum ire coeperint praecipites, donec ad haec tempora quibus nec uitia nostra nec remedia
10 pati possumus peruentum est. Hoc illud est praecipue in cognitione rerum salubre ac frugiferum, omnis te exempli documenta in inlustri posita monumento intueri; inde tibi tuaeque rei publicae quod imitere capias, inde foedum
11 inceptu foedum exitu quod uites. Ceterum aut me amor negotii suscepti fallit, aut nulla unquam res publica nec maior nec sanctior nec bonis exemplis ditior fuit, nec in quam ciuitatem tam serae auaritia luxuriaque immigrauerint, nec ubi tantus ac tam diu paupertati ac par-
12 simoniae honos fuerit. Adeo quanto rerum minus, tanto

5 illa tota *H*: tota illa *Mπ*   9 labante *Gron.*: labente **N**   dissidentes *M^cU*: dissidentis *OEPH*: dis.identis *M* (discidentis?): desidentes *Philelfus*: discedentis *Bayet*   11 serae] sere *MH*: sera *π*: sero *dett. aliq. Novdk, sed cf. Löfstedt, Synt.* 2. 369

PRAEFATIO

minus cupiditatis erat: nuper diuitiae auaritiam et abundantes uoluptates desiderium per luxum atque libidinem pereundi perdendique omnia inuexere. Sed querellae, ne tum quidem gratae futurae cum forsitan necessariae erunt, ab initio certe tantae ordiendae rei absint: cum bonis potius 13 ominibus uotisque et precationibus deorum dearumque, si, ut poetis, nobis quoque mos esset, libentius inciperemus, ut orsis tantum operis successus prosperos darent.

13 ominibus] omnibus *HE*

T. LIVI
AB VRBE CONDITA

LIBER I

1 Iam primum omnium satis constat Troia capta in ceteros saeuitum esse Troianos, duobus, Aeneae Antenorique, et uetusti iure hospitii et quia pacis reddendaeque Helenae semper auctores fuerant, omne ius belli Achiuos abstinuisse; **2** casibus deinde uariis Antenorem cum multitudine Enetum, qui seditione ex Paphlagonia pulsi et sedes et ducem rege Pylaemene ad Troiam amisso quaerebant, uenisse in **3** intimum maris Hadriatici sinum, Euganeisque qui inter mare Alpesque incolebant pulsis Enetos Troianosque eas tenuisse terras. Et in quem primum egressi sunt locum Troia uocatur pagoque inde Troiano nomen est: gens **4** uniuersa Veneti appellati. Aenean ab simili clade domo profugum sed ad maiora rerum initia ducentibus fatis, primo in Macedoniam uenisse, inde in Siciliam quaerentem sedes delatum, ab Sicilia classe ad Laurentem agrum **5** tenuisse. Troia et huic loco nomen est. Ibi egressi Troiani, ut quibus ab immenso prope errore nihil praeter arma et naues superesset, cum praedam ex agris agerent, Latinus rex Aboriginesque qui tum ea tenebant loca ad arcendam

1 1 fuerant *MHP*^{cm}: ferunt *P*: fuerunt *OEU* 2 Pylaemene *H*: Pilemene *M*: Pylemene *EP*: Pilimene *O*: Philemene *U*   maris Hadriatici *EP*: maris adriatici *HO*: adriatici maris *M*: hadriatici maris *U*   Euganeisque] Euganesque *MHEP*, i *add*. *M*^{cs1} *E*^{cm} *P*^{cs1}: Euganisque *O*, i *add*. *O*^{s1}: Euganiis *U*, que *add*. *U*^{cs1} 3 primum *M*, *cf*. 5. 34. 8: primo *Δ*   inde Troiano] Troiano inde *M*: inde Troia *O*, *P. Burman*: no *add*. *O*^{s1} Aenean *MO*: Aeneam *HEPU*; *cf*. 1. 2. 5, 1. 3. 6   4 tenuisse *M*^{c}*HOEP*: uenisse *M*: tendisse *U*   5 ibi] ubi *M*   ut quibus *MHOE*: in *add*. *M*^{cs1}: in quibus *PU*: quibus *U*^{c} superesset] superessent *MP*

uim aduenarum armati ex urbe atque agris concurrunt.
Duplex inde fama est. Alii proelio uictum Latinum pacem 6
cum Aenea, deinde adfinitatem iunxisse tradunt; alii, cum
instructae acies constitissent, priusquam signa canerent 7
processisse Latinum inter primores ducemque aduenarum
euocasse ad conloquium; percontatum deinde qui mortales
essent, unde aut quo casu profecti domo quidue quaerentes
in agrum Laurentem exissent, postquam audierit multi- 8
tudinem Troianos esse, ducem Aenean filium Anchisae et
Veneris, cremata patria domo profugos, sedem conden-
daeque urbi locum quaerere, et nobilitatem admiratum
gentis uirique et animum uel bello uel paci paratum, dextra
data fidem futurae amicitiae sanxisse. Inde foedus ictum inter 9
duces, inter exercitus salutationem factam. Aenean apud
Latinum fuisse in hospitio; ibi Latinum apud penates deos
domesticum publico adiunxisse foedus filia Aeneae in matrimonium data. Ea res utique Troianis spem adfirmat 10
tandem stabili certaque sede finiendi erroris. Oppidum
condunt; Aeneas ab nomine uxoris Lauinium appellat.
Breui stirpis quoque uirilis ex nouo matrimonio fuit, cui 11
Ascanium parentes dixere nomen.

Bello deinde Aborigines Troianique simul petiti. Turnus 2
rex Rutulorum, cui pacta Lauinia ante aduentum Aeneae
fuerat, praelatum sibi aduenam aegre patiens simul
Aeneae Latinoque bellum intulerat. Neutra acies laeta ex 2
eo certamine abiit: uicti Rutuli; uictores Aborigines
Troianique ducem Latinum amisere. Inde Turnus Rutu- 3
lique diffisi rebus ad florentes opes Etruscorum Mezentium-
que regem eorum confugiunt, qui Caere opulento tum
oppido imperitans, iam inde ab initio minime laetus nouae
origine urbis et tum nimio plus quam satis tutum esset

7 percontatum] percunctatum *HOPU*   Laurentem *MO*ᶜ: Lauren-
tinum *Δ*   8 audierit] audiuit *MO*ᶜˢˡ   patria domo *M*: patria et
domo *OEU*: patria et modo *H*: patria ae edomo *P*: patria edomo *P*ᶜ
urbi] urbis *M*   9 ibi] ubi *M*   10 res utique] utique res *M*
2 1 Troianique simul petiti] -que simul *om. M*: -que *add. M*ᶜˢˡ

accolis rem Troianam crescere ratus, haud grauatim socia
4 arma Rutulis iunxit. Aeneas aduersus tanti belli terrorem
ut animos Aboriginum sibi conciliaret nec sub eodem iure
solum sed etiam nomine omnes essent, Latinos utramque
5 gentem appellauit; nec deinde Aborigines Troianis studio
ac fide erga regem Aenean cessere. Fretusque his animis
coalescentium in dies magis duorum populorum Aeneas,
quamquam tanta opibus Etruria erat ut iam non terras
solum sed mare etiam per totam Italiae longitudinem ab
Alpibus ad fretum Siculum fama nominis sui implesset,
tamen cum moenibus bellum propulsare posset in aciem
6 copias eduxit. Secundum inde proelium Latinis, Aeneae
etiam ultimum operum mortalium fuit. Situs est, quemcumque eum dici ius fasque est, super Numicum flumen:
Iouem indigetem appellant.

3   Nondum maturus imperio Ascanius Aeneae filius erat;
tamen id imperium ei ad puberem aetatem incolume
mansit; tantisper tutela muliebri—tanta indoles in Lauinia
erat—res Latina et regnum auitum paternumque puero
2 stetit. Haud ambigam—quis enim rem tam ueterem pro
certo adfirmet?—hicine fuerit Ascanius an maior quam hic,
Creusa matre Ilio incolumi natus comesque inde paternae
fugae, quem Iulum eundem Iulia gens auctorem nominis sui
3 nuncupat. Is Ascanius, ubicumque et quacumque matre
genitus—certe natum Aenea constat—abundante Lauinii
multitudine florentem iam ut tum res erant atque opulentam
urbem matri seu nouercae reliquit, nouam ipse aliam sub
Albano monte condidit quae ab situ porrectae in dorso urbis
4 Longa Alba appellata. Inter Lauinium et Albam Longam
coloniam deductam triginta ferme interfuere anni. Tantum

    5 Aenean] enean *O*: Aeneam *MHEPU*   6 operum mortalium]
mortalium operum *M*   flumen *HOEP*ᶜ*U*: fluminum *P*: fluuium *M*
indigetem] indigitem *M*
    3 2 hicine *Δ*: c *add*. *P*ᶜᵃˡ: hiccine *M*   Ilio] Ilico *HE*   3 reliquit
MUO: n *add*. *O*ˢˡ: relinquid *P*: relinquit *HEP*ᶜ   4 coloniam deductam *Δ*: dieductam (diductam *M*ᶜ) coloniam *M*

AB VRBE CONDITA I.3.4

tamen opes creuerant maxime fusis Etruscis ut ne morte quidem Aeneae nec deinde inter muliebrem tutelam rudimentumque primum puerilis regni mouere arma aut Mezentius Etruscique aut ulli alii accolae ausi sint. Pax ita 5 conuenerat ut Etruscis Latinisque fluuius Albula, quem nunc Tiberim uocant, finis esset.

Siluius deinde regnat Ascani filius, casu quodam in siluis 6 natus; is Aenean Siluium creat; is deinde Latinum Siluium. 7 Ab eo coloniae aliquot deductae, Prisci Latini appellati. Mansit Siluiis postea omnibus cognomen, qui Albae regnarunt. Latino Alba ortus, Alba Atys, Atye Capys, Capye 8 Capetus, Capeto Tiberinus, qui in traiectu Albulae amnis submersus celebre ad posteros nomen flumini dedit. Agrippa 9 inde Tiberini filius, post Agrippam Romulus Siluius a patre accepto imperio regnat. Auentino fulmine ipse ictus regnum per manus tradidit. Is sepultus in eo colle qui nunc pars Romanae est urbis, cognomen colli fecit. Proca deinde regnat. Is Numitorem atque Amulium procreat; Numitori, 10 qui stirpis maximus erat, regnum uetustum Siluiae gentis legat. Plus tamen uis potuit quam uoluntas patris aut uerecundia aetatis: pulso fratre Amulius regnat. Addit sceleri 11 scelus: stirpem fratris uirilem interimit, fratris filiae Reae Siluiae per speciem honoris cum Vestalem eam legisset perpetua uirginitate spem partus adimit.

Sed debebatur, ut opinor, fatis tantae origo urbis maxi- 4 mique secundum deorum opes imperii principium. Vi com- 2 pressa Vestalis cum geminum partum edidisset, seu ita rata seu quia deus auctor culpae honestior erat, Martem incertae

6 Aenean *MU*: Aeneam *HOEP*   7 coloniae aliquot deductae *O*: coloniae aliquo (t *add*. E^{cal}) deductae E: ali (*eras*. *M*^c) coloniae aliquo deductae *M*: coloniae aliquo deducte *H*: coloniae aliquoteductae *P*: aliquot coloniae eductae *U*   regnarunt] regnauerunt *M*   8 traiectu *Ed. Rom.* 1469: traiecto **N**   9 fulmine] flumine *HP*: *corr*. *M*^c*P*^c
10 stirpis *MOE*: styrpis *U*: stripis *H*: stirps *P*   uetustum] uestutum *H*: uetustutum *EP*: uetustum *E*^c*P*^c   11 interimit *MH*: interemit *OEPU*   adimit *MHEP*: ademit *OE*^c*U*
4 2 ui *M*^c: ut *MHOEP*: et *U*

3 stirpis patrem nuncupat. Sed nec di nec homines aut ipsam aut stirpem a crudelitate regia uindicant: sacerdos uincta in custodiam datur, pueros in profluentem aquam mitti iubet.
4 Forte quadam diuinitus super ripas Tiberis effusus lenibus stagnis nec adiri usquam ad iusti cursum poterat amnis et posse quamuis languida mergi aqua infantes spem ferentibus
5 dabat. Ita uelut defuncti regis imperio in proxima alluuie ubi nunc ficus Ruminalis est—Romularem uocatam ferunt
6 —pueros exponunt. Vastae tum in his locis solitudines erant. Tenet fama cum fluitantem alueum, quo expositi erant pueri, tenuis in sicco aqua destituisset, lupam sitientem ex montibus qui circa sunt ad puerilem uagitum cursum flexisse; eam submissas infantibus adeo mitem praebuisse mammas ut lingua lambentem pueros magister regii peco-
7 ris inuenerit—Faustulo fuisse nomen ferunt; ab eo ad stabula Larentiae uxori educandos datos. Sunt qui Larentiam uolgato corpore lupam inter pastores uocatam putent;
8 inde locum fabulae ac miraculo datum. Ita geniti itaque educati, cum primum adoleuit aetas, nec in stabulis nec ad
9 pecora segnes uenando peragrare saltus. Hinc robore corporibus animisque sumpto iam non feras tantum subsistere sed in latrones praeda onustos impetus facere pastoribusque rapta diuidere et cum his crescente in dies grege iuuenum seria ac iocos celebrare.

5 Iam tum in Palatio monte Lupercal hoc fuisse ludicrum ferunt, et a Pallanteo, urbe Arcadica, Pallantium, dein Pala-
2 tium montem appellatum; ibi Euandrum, qui ex eo genere Arcadum multis ante tempestatibus tenuerit loca, sollemne allatum ex Arcadia instituisse ut nudi iuuenes Lycaeum Pana uenerantes per lusum atque lasciuiam currerent,

2 *post* patrem *add.* esse *HP*cm   4 quadam *MHOPᶜU*: quodam *EP*: quadam an *Gruter*   6 quo *Δ*: quo iam *M*   7 Larentiae *M*: u *add. M*ᶜᵃˡ: Laurentiae *Δ*   Larentiam *M*: Laurentiam *Δ*
8 saltus *MEPU*: *ante* saltus *add.* circa *HOE*ᶜⁱˡ*P*ᶜᵃˡ   9 in dies *HOEᶜU*: indiges *P*: *om. M, rest. M*ᶜᵐ
5 1 Pallanteo] Palanteo *H*: Pallantea *OU*: Pallantio *Hertz*

AB VRBE CONDITA 1.5.2

quem Romani deinde uocarunt Inuum. Huic deditis ludicro 3
cum sollemne notum esset insidiatos ob iram praedae
amissae latrones, cum Romulus ui se defendisset, Remum
cepisse, captum regi Amulio tradidisse, ultro accusantes.
Crimini maxime dabant in Numitoris agros ab iis impetus 4
fieri; inde eos collecta iuuenum manu hostilem in modum
praedas agere. Sic Numitori ad supplicium Remus deditur.
Iam inde ab initio Faustulo spes fuerat regiam stirpem apud 5
se educari; nam et expositos iussu regis infantes sciebat et
tempus quo ipse eos sustulisset ad id ipsum congruere; sed
rem immaturam nisi aut per occasionem aut per necessitatem aperiri noluerat. Necessitas prior uenit: ita metu 6
subactus Romulo rem aperit. Forte et Numitori cum in
custodia Remum haberet audissetque geminos esse fratres,
comparando et aetatem eorum et ipsam minime seruilem
indolem, tetigerat animum memoria nepotum; sciscitandoque eo demum peruenit ut haud procul esset quin Remum
agnosceret. Ita undique regi dolus nectitur. Romulus non 7
cum globo iuuenum—nec enim erat ad uim apertam par—
sed aliis alio itinere iussis certo tempore ad regiam uenire
pastoribus ad regem impetum facit; et a domo Numitoris
alia comparata manu adiuuat Remus. Ita regem obtruncat.

Numitor inter primum tumultum, hostes inuasisse urbem 6
atque adortos regiam dictitans, cum pubem Albanam in
arcem praesidio armisque obtinendam auocasset, postquam
iuuenes perpetrata caede pergere ad se gratulantes uidit,
extemplo aduocato concilio scelera in se fratris, originem
nepotum, ut geniti, ut educati, ut cogniti essent, caedem
deinceps tyranni seque eius auctorem ostendit. Iuuenes per 2
mediam contionem agmine ingressi cum auum regem

2 uocarunt] uocauerunt M   4 iis] his *HOU*   impetus *Gron.*:
impetum N   Numitori ad supplicium Δ: ad supplicium Numitori M
5 aperiri M: apperiri H: aperire *OEPU*   6 eo demum *Perizonius*:
eodem N: eo denique *Crevier*   7 uim apertam] apertam uim M: uim
tam apertam O   obtruncat N: optrun| [cat] 𝔓: obtruncant M^c, *Edd. uet.*
6 1 auocasset] d *add.* M^{cal} (= aduocasset): euocasset U   scelera Δ:
scelus M: sce[le|ra] 𝔓   deinceps ΔM^c: deinde M

TITI LIVI

salutassent, secuta ex omni multitudine consentiens uox ratum nomen imperiumque regi efficit.

3 Ita Numitori Albana re permissa Romulum Remumque cupido cepit in iis locis ubi expositi ubique educati erant urbis condendae. Et supererat multitudo Albanorum Latinorumque; ad id pastores quoque accesserant, qui omnes facile spem facerent paruam Albam, paruum Lauinium 4 prae ea urbe quae conderetur fore. Interuenit deinde his cogitationibus auitum malum, regni cupido, atque inde foedum certamen coortum a satis miti principio. Quoniam gemini essent nec aetatis uerecundia discrimen facere posset, ut di quorum tutelae ea loca essent auguriis legerent qui nomen nouae urbi daret, qui conditam imperio regeret, Palatium Romulus, Remus Auentinum ad inaugurandum templa capiunt.

7 Priori Remo augurium uenisse fertur, sex uoltures; iamque nuntiato augurio cum duplex numerus Romulo se ostendisset, utrumque regem sua multitudo consalutaue-
2 rat: tempore illi praecepto, at hi numero auium regnum trahebant. Inde cum altercatione congressi certamine irarum ad caedem uertuntur; ibi in turba ictus Remus cecidit. Volgatior fama est ludibrio fratris Remum nouos transiluisse muros; inde ab irato Romulo, cum uerbis quoque increpitans adiecisset, 'Sic deinde, quicumque alius 3 transiliet moenia mea', interfectum. Ita solus potitus imperio Romulus; condita urbs conditoris nomine appellata.

Palatium primum, in quo ipse erat educatus, muniit. Sacra dis aliis Albano ritu, Graeco Herculi, ut ab Euan-
4 dro instituta erant, facit. Herculem in ea loca Geryone interempto boues mira specie abegisse memorant, ac prope Tiberim fluuium, qua prae se armentum agens nando traiecerat, loco herbido ut quiete et pabulo laeto reficeret boues 5 et ipsum fessum uia procubuisse. Ibi cum eum cibo uino-

3 iis *Ed. Rom.* 1469: his N
7 1 se *HEPUM*ᶜ: sese *MO*   4 laeto reficeret *HOE*ᶜ*PU*: laetor eficeret *E*: laetiores efficeret *M*

AB VRBE CONDITA 1.7.5

que grauatum sopor oppressisset, pastor accola eius loci, nomine Cacus, ferox uiribus, captus pulchritudine boum cum auertere eam praedam uellet, quia si agendo armentum in speluncam compulisset ipsa uestigia quaerentem dominum eo deductura erant, auersos boues eximium quemque pulchritudine caudis in speluncam traxit. Hercules ad primam auroram somno excitus cum gregem per- 6 lustrasset oculis et partem abesse numero sensisset, pergit ad proximam speluncam, si forte eo uestigia ferrent. Quae ubi omnia foras uersa uidit nec in partem aliam ferre, confusus atque incertus animi ex loco infesto agere porro armentum occepit. Inde cum actae boues quaedam ad de- 7 siderium, ut fit, relictorum mugissent, reddita inclusorum ex spelunca boum uox Herculem conuertit. Quem cum uadentem ad speluncam Cacus ui prohibere conatus esset, ictus claua fidem pastorum nequiquam inuocans mortem occubuit. Euander tum ea, profugus ex Peloponneso, 8 auctoritate magis quam imperio regebat loca, uenerabilis uir miraculo litterarum, rei nouae inter rudes artium homines, uenerabilior diuinitate credita Carmentae matris, quam fatiloquam ante Sibyllae in Italiam aduentum miratae eae gentes fuerant. Is tum Euander concursu pasto- 9 rum trepidantium circa aduenam manifestae reum caedis excitus postquam facinus facinorisque causam audiuit, habitum formamque uiri aliquantum ampliorem augustioremque humana intuens rogitat qui uir esset. Vbi nomen 10 patremque ac patriam accepit, 'Ioue nate, Hercules, salue,' inquit; 'te mihi mater, ueridica interpres deum, aucturum caelestium numerum cecinit, tibique aram hic dicatum iri quam opulentissima olim in terris gens maximam uocet

---

5 quia si OE^cU: quasi *MHEP* 7 relictorum ... inclusorum *Ogilvie*: relictarum ... inclusarum N uadentem ad speluncam Δ: ad speluncam uadentem *M* ui] *om. M* mortem *Wesenberg, cf.* 2. 7. 8 *et al.*: morte Δ, *cf.* 29. 18. 6: *om. M, add.* morte M^{ca1} 8 Peloponneso] Poleponesso *HOP*: Poleponenso *E, add.* s E^{ca1}: Peloponesso *MU* eae *HEPU*: hae $O^{pc}M^c$: eae eae *M*

11 tuoque ritu colat.' Dextra Hercules data accipere se omen
12 impleturumque fata ara condita ac dicata ait. Ibi tum
primum boue eximia capta de grege sacrum Herculi,
adhibitis ad ministerium dapemque Potitiis ac Pinariis,
quae tum familiae maxime inclitae ea loca incolebant,
13 factum. Forte ita euenit ut Potitii ad tempus praesto essent
iisque exta apponerentur, Pinarii extis adesis ad ceteram
uenirent dapem. Inde institutum mansit donec Pinarium
14 genus fuit, ne extis sollemnium uescerentur. Potitii ab
Euandro edocti antistites sacri eius per multas aetates
fuerunt, donec tradito seruis publicis sollemni familiae
15 ministerio genus omne Potitiorum interiit. Haec tum sacra
Romulus una ex omnibus peregrina suscepit, iam tum
immortalitatis uirtute partae ad quam eum sua fata duce-
bant fautor.

8 Rebus diuinis rite perpetratis uocataque ad concilium
multitudine quae coalescere in populi unius corpus nulla re
2 praeterquam legibus poterat, iura dedit; quae ita sancta
generi hominum agresti fore ratus, si se ipse uenerabilem
insignibus imperii fecisset, cum cetero habitu se augustio-
3 rem, tum maxime lictoribus duodecim sumptis fecit. Alii
ab numero auium quae augurio regnum portenderant eum
secutum numerum putant: me haud paenitet eorum sententiae esse quibus et apparitores et hoc genus ab Etruscis
finitimis, unde sella curulis, unde toga praetexta sumpta est,
⟨et⟩ numerum quoque ipsum ductum placet, et ita habuisse
Etruscos quod ex duodecim populis communiter creato rege
singulos singuli populi lictores dederint.
4 Crescebat interim urbs munitionibus alia atque alia ap-
petendo loca, cum in spem magis futurae multitudinis quam

12 ibi tum *OE*: ibi dum *MHPU*   Herculi ... dapemque *om. Δ*:
rest. P^{cm}   iisque *Ed. Rom.* 1469: hisque N   sollemnium *M*: eos
ollemnium *H*: eo sollempnium *O*: eo sollemnium *E*^c: sollemnibus *EP*,
sollempnibus *UO*^{csl}   15 partae *Sobius*: parta N
8 3 portenderant] portenderat *H*: portenderunt *U*   3 et hoc
genus N: et *del. Iac. Gron.*   et numerum *Heumann*: numerum N

AB VRBE CONDITA   1.8.4

ad id quod tum hominum erat munirent. Deinde ne uana 5
urbis magnitudo esset, adiciendae multitudinis causa
uetere consilio condentium urbes, qui obscuram atque
humilem conciendo ad se multitudinem natam e terra sibi
prolem ementiebantur, locum qui nunc saeptus descendentibus inter duos lucos ⟨ad laeuam⟩ est asylum aperit. Eo ex 6
finitimis populis turba omnis, sine discrimine liber an
seruus esset, auida nouarum rerum perfugit, idque primum
ad coeptam magnitudinem roboris fuit. Cum iam uirium 7
haud paeniteret consilium deinde uiribus parat. Centum
creat senatores, siue quia is numerus satis erat, siue quia
soli centum erant qui creari patres possent. Patres certe ab
honore patriciique progenies eorum appellati.

Iam res Romana adeo erat ualida ut cuilibet finiti- 9
marum ciuitatium bello par esset; sed penuria mulierum
hominis aetatem duratura magnitudo erat, quippe quibus
nec domi spes prolis nec cum finitimis conubia essent. Tum 2
ex consilio patrum Romulus legatos circa uicinas gentes
misit qui societatem conubiumque nouo populo peterent: 3
urbes quoque, ut cetera, ex infimo nasci; dein, quas sua
uirtus ac di iuuent, magnas opes sibi magnumque nomen
facere; satis scire, origini Romanae et deos adfuisse et non 4
defuturam uirtutem; proinde ne grauarentur homines cum
hominibus sanguinem ac genus miscere. Nusquam benigne 5
legatio audita est: adeo simul spernebant, simul tantam in
medio crescentem molem sibi ac posteris suis metuebant.
Ac plerisque rogitantibus dimissi ecquod feminis quoque
asylum aperuissent; id enim demum compar conubium
fore. Aegre id Romana pubes passa et haud dubie ad uim 6
spectare res coepit. Cui tempus locumque aptum ut daret
Romulus aegritudinem animi dissimulans ludos ex industria

5 e] ae *H*: et *E*   ad laeuam *add. H. J. Müller*, sinistra *H. Jordan*
7 is *MOE*ᶜ*PU*: his *HE*

9 3 dein *N*: deinde *Quint.* 9. 2. 37   quas sua *Aldus*: qua sua *N*: i *add.*
*M*ᶜᵃˡ (= quia sua): quam sua *P*ᶜ: quos sua *cod. B Quint.*, quod sua *cod. A*
5 nusquam *Δ*: numquam *M*   ecquod *HOE*: ec quod *P*: eo quod *P*ᶜ*U*:
et quod *M*

7 parat Neptuno equestri sollemnes; Consualia uocat. Indici deinde finitimis spectaculum iubet; quantoque apparatu tum sciebant aut poterant, concelebrant ut rem claram exspecta-
8 tamque facerent. Multi mortales conuenere, studio etiam uidendae nouae urbis, maxime proximi quique, Caeninenses,
9 Crustumini, Antemnates; iam Sabinorum omnis multitudo cum liberis ac coniugibus uenit. Inuitati hospitaliter per domos cum situm moeniaque et frequentem tectis urbem
10 uidissent, mirantur tam breui rem Romanam creuisse. Vbi spectaculi tempus uenit deditaeque eo mentes cum oculis erant, tum ex composito orta uis signoque dato iuuentus
11 Romana ad rapiendas uirgines discurrit. Magna pars forte in quem quaeque inciderat raptae: quasdam forma excellentes, primoribus patrum destinatas, ex plebe homines qui-
12 bus datum negotium erat domos deferebant. Vnam longe ante alias specie ac pulchritudine insignem a globo Thalassi cuiusdam raptam ferunt multisque sciscitantibus cuinam eam ferrent, identidem ne quis uiolaret Thalassio ferri clamitatum; inde nuptialem hanc uocem factam.
13 Turbato per metum ludicro maesti parentes uirginum profugiunt, incusantes uiolatum hospitii foedus deumque inuocantes cuius ad sollemne ludosque per fas ac fidem
14 decepti uenissent. Nec raptis aut spes de se melior aut indignatio est minor. Sed ipse Romulus circumibat docebatque patrum id superbia factum qui conubium finitimis negassent; illas tamen in matrimonio, in societate fortunarum omnium ciuitatisque et quo nihil carius humano
15 generi sit liberum fore; mollirent modo iras et, quibus fors corpora dedisset, darent animos; saepe ex iniuria postmodum gratiam ortam; eoque melioribus usuras uiris quod adnisurus pro se quisque sit ut, cum suam uicem functus officio sit, parentium etiam patriaeque expleat desiderium.

6 sollemnes Consualia uocat *HOEP*: sollempnis Consualia uocauit *U*: sollemnis Consualia *M* (*unde* sollemnes, Consualia *Gron.*, sollemnes, Consualia appellata *Frigell*)   13 uiolatum *Perizonius*: uiolati **N**
14 generi *HOE*: genere *MPU*   15 dedisset *O*: dedissent *MHEPU*

Accedebant blanditiae uirorum, factum purgantium cupi- 16
ditate atque amore, quae maxime ad muliebre ingenium
efficaces preces sunt. Iam admodum mitigati animi raptis erant; at raptarum 10
parentes tum maxime sordida ueste lacrimisque et querellis
ciuitates concitabant. Nec domi tantum indignationes con-
tinebant sed congregabantur undique ad T. Tatium regem
Sabinorum, et legationes eo quod maximum Tati nomen in
iis regionibus erat conueniebant. Caeninenses Crustumi- 2
nique et Antemnates erant ad quos eius iniuriae pars perti-
nebat. Lente agere his Tatius Sabinique uisi sunt: ipsi inter
se tres populi communiter bellum parant. Ne Crustumini 3
quidem atque Antemnates pro ardore iraque Caeninen-
sium satis se impigre mouent; ita per se ipsum nomen
Caeninum in agrum Romanum impetum facit. Sed effuse 4
uastantibus fit obuius cum exercitu Romulus leuique
certamine docet uanam sine uiribus iram esse. Exercitum
fundit fugatque, fusum persequitur: regem in proelio
obtruncat et spoliat: duce hostium occiso urbem primo
impetu capit. Inde exercitu uictore reducto, ipse cum factis 5
uir magnificus tum factorum ostentator haud minor, spolia
ducis hostium caesi suspensa fabricato ad id apte ferculo
gerens in Capitolium escendit; ibique ea cum ad quercum
pastoribus sacram deposuisset, simul cum dono designauit
templo Iouis fines cognomenque addidit deo: 'Iuppiter 6
Feretri,' inquit, 'haec tibi uictor Romulus rex regia arma
fero, templumque his regionibus quas modo animo metatus
sum dedico, sedem opimis spoliis quae regibus ducibusque
hostium caesis me auctorem sequentes posteri ferent.' Haec 7
templi est origo quod primum omnium Romae sacratum
est. Ita deinde dis uisum nec inritam conditoris templi
uocem esse qua laturos eo spolia posteros nuncupauit nec
multitudine compotum eius doni uolgari laudem. Bina

10 1 mitigati] miti *M*: gati *add. M*^{cal}: mitiganti *P*   3 ne *MEO*:
c *add. M*^{cal}: nec *HPU*   5 reducto] reductio *M*: *corr. M*^c: redunto *P*:
c *P*^{cal}   escendit *MHP*: a *P*^{cal}: ascendit *M*^c*OEU*

TITI LIVI

postea, inter tot annos, tot bella, opima parta sunt spolia:
adeo rara eius fortuna decoris fuit.

11 Dum ea ibi Romani gerunt, Antemnatium exercitus per
occasionem ac solitudinem hostiliter in fines Romanos incursionem facit. Raptim et ad hos Romana legio ducta
2 palatos in agris oppressit. Fusi igitur primo impetu et clamore hostes, oppidum captum; duplicique uictoria ouantem
Romulum Hersilia coniunx precibus raptarum fatigata orat
ut parentibus earum det ueniam et in ciuitatem accipiat:
ita rem coalescere concordia posse. Facile impetratum.
3 Inde contra Crustuminos profectus bellum inferentes. Ibi
minus etiam quod alienis cladibus ceciderant animi certa-
4 minis fuit. Vtroque coloniae missae: plures inuenti qui
propter ubertatem terrae in Crustuminum nomina darent.
Et Romam inde frequenter migratum est, a parentibus
maxime ac propinquis raptarum.
5 Nouissimum ab Sabinis bellum ortum multoque id maximum fuit; nihil enim per iram aut cupiditatem actum est,
6 nec ostenderunt bellum prius quam intulerunt. Consilio
etiam additus dolus. Sp. Tarpeius Romanae praeerat arci.
Huius filiam uirginem auro corrumpit Tatius ut armatos in
arcem accipiat; aquam forte ea tum sacris extra moenia
7 petitum ierat. Accepti obrutam armis necauere, seu ut ui
capta potius arx uideretur seu prodendi exempli causa ne
8 quid usquam fidum proditori esset. Additur fabula, quod
uolgo Sabini aureas armillas magni ponderis brachio laeuo
gemmatosque magna specie anulos habuerint, pepigisse eam
quod in sinistris manibus haberent; eo scuta illi pro aureis
9 donis congesta. Sunt qui eam ex pacto tradendi quod in
sinistris manibus esset derecto arma petisse dicant et fraude
uisam agere sua ipsam peremptam mercede.
12 Tenuere tamen arcem Sabini; atque inde postero die,
cum Romanus exercitus instructus quod inter Palatinum

7 opima] optima *H*: opina *P*: m *P*^{cs1}
11 8 fabula *Glareanus*, *cf.* 5. 21. 8: fabule *M*: fabulae *HOEPU*,
Gruter   illi] illis *M*: *corr. M*^c

AB VRBE CONDITA I. 12. I

Capitolinumque collem campi est complesset, non prius
descenderunt in aequum quam ira·et cupiditate reciperan-
dae arcis stimulante animos in aduersum Romani subiere.
Principes utrimque pugnam ciebant ab Sabinis Mettius 2
Curtius, ab Romanis Hostius Hostilius. Hic rem Romanam
iniquo loco ad prima signa animo atque audacia sustinebat.
Vt Hostius cecidit, confestim Romana inclinatur acies 3
fusaque est ad ueterem portam Palati. Romulus et ipse turba
fugientium actus, arma ad caelum tollens, 'Iuppiter, tuis' 4
inquit 'iussus auibus hic in Palatio prima urbi fundamenta
ieci. Arcem iam scelere emptam Sabini habent; inde huc
armati superata media ualle tendunt; at tu, pater deum 5
hominumque, hinc saltem arce hostes; deme terrorem 6
Romanis fugamque foedam siste. Hic ego tibi templum
Statori Ioui, quod monumentum sit posteris tua praesenti
ope seruatam urbem esse, uoueo.' Haec precatus, ueluti si 7
sensisset auditas preces, 'Hinc,' inquit, 'Romani, Iuppiter
optimus maximus resistere atque iterare pugnam iubet.'
Restitere Romani tamquam caelesti uoce iussi: ipse ad
primores Romulus prouolat. Mettius Curtius ab Sabinis 8
princeps ab arce decucurrerat et effusos egerat Romanos
toto quantum foro spatium est. Nec procul iam a porta
Palati erat, clamitans: 'Vicimus perfidos hospites, imbelles
hostes; iam sciunt longe aliud esse uirgines rapere, aliud
pugnare cum uiris.' In eum haec gloriantem cum globo 9
ferocissimorum iuuenum Romulus impetum facit. Ex equo
tum forte Mettius pugnabat; eo pelli facilius fuit. Pulsum
Romani persequuntur; et alia Romana acies, audacia regis
accensa, fundit Sabinos. Mettius in paludem sese strepitu 10
sequentium trepidante equo coniecit; auerteratque ea res
etiam Sabinos tanti periculo uiri. Et ille quidem adnuentibus
ac uocantibus suis fauore multorum addito animo euadit:

12 1 subiere] subigere *H*: subierem *P*: *corr. P*ᶜ   3 *post* iusaque est
distinxit Madvig, qui ad ueterem portam Palati *cum sequentibus coniunxit*
6 praesenti ope seruatam *Δ*: praesenti oper seruatam *M*: praesentia
perseruatam *M*ᶜ   7 ueluti si *Δ*: uelutis *M*: uelut si *M*ᶜ

TITI LIVI

Romani Sabinique in media conualle duorum montium
redintegrant proelium; sed res Romana erat superior.
13 Tum Sabinae mulieres, quarum ex iniuria bellum ortum
erat, crinibus passis scissaque ueste, uicto malis muliebri
pauore, ausae se inter tela uolantia inferre, ex transuerso
2 impetu facto dirimere infestas acies, dirimere iras, hinc
patres, hinc uiros orantes, ne se sanguine nefando soceri
generique respergerent, ne parricidio macularent partus
3 suos, nepotum illi, hi liberum progeniem. 'Si adfinitatis
inter uos, si conubii piget, in nos uertite iras; nos causa
belli, nos uolnerum ac caedium uiris ac parentibus sumus;
melius peribimus quam sine alteris uestrum uiduae aut
4 orbae uiuemus.' Mouet res cum multitudinem tum duces;
silentium et repentina fit quies; inde ad foedus faciendum
duces prodeunt. Nec pacem modo sed ciuitatem unam ex
duabus faciunt. Regnum consociant: imperium omne con-
5 ferunt Romam. Ita geminata urbe ut Sabinis tamen aliquid
daretur Quirites a Curibus appellati. Monumentum eius
pugnae, ubi primum ex profunda emersus palude equus
Curtium in uado statuit, Curtium lacum appellarunt.
6 Ex bello tam tristi laeta repente pax cariores Sabinas uiris
ac parentibus et ante omnes Romulo ipsi fecit. Itaque cum
populum in curias triginta diuideret, nomina earum curiis
7 imposuit. Id non traditur, cum haud dubie aliquanto
numerus maior hoc mulierum fuerit, aetate an dignitatibus
suis uirorumue an sorte lectae sint, quae nomina curiis
8 darent. Eodem tempore et centuriae tres equitum conscriptae sunt. Ramnenses ab Romulo, ab T. Tatio Titienses
appellati: Lucerum nominis et originis causa incerta est.
Inde non modo commune sed concors etiam regnum duobus
regibus fuit.

13 2 se sanguine *HEPU*: sanguine se *O*: sanguine *M*, add. se *M*ᶜ *sed
postea del.*   4 mouet *M*ᶜ: mo٠ut *M*: mouent *Δ*   5 equus
*MHOE*ᶜ*P*ᶜᵐ: equos *EPU*: equum *M*ᶜ   Curtium *OE*ᶜ: curtius *MHEU*:
curtios *P*, u *P*ᶜᵃˡ   7 aetate] aetati *MH*   an *om. M, rest. M*ᶜᵐ
8 appellati] appellatae *M*

AB VRBE CONDITA I. 14. 1

Post aliquot annos propinqui regis Tati legatos Lauren- 14
tium pulsant, cumque Laurentes iure gentium agerent, apud
Tatium gratia suorum et preces plus poterant. Igitur illo- 2
rum poenam in se uertit; nam Lauinii cum ad sollemne
sacrificium eo uenisset concursu facto interficitur. Eam rem 3
minus aegre quam dignum erat tulisse Romulum ferunt,
seu ob infidam societatem regni seu quia haud iniuria
caesum credebat. Itaque bello quidem abstinuit; ut tamen
expiarentur legatorum iniuriae regisque caedes, foedus inter
Romam Lauiniumque urbes renouatum est.

Et cum his quidem insperata pax erat: aliud multo pro- 4
pius atque in ipsis prope portis bellum ortum. Fidenates
nimis uicinas prope se conualescere opes rati, priusquam
tantum roboris esset quantum futurum apparebat, occupant
bellum facere. Iuuentute armata immissa uastatur agri
quod inter urbem ac Fidenas est; inde ad laeuam uersi quia 5
dextra Tiberis arcebat, cum magna trepidatione agrestium
populantur, tumultusque repens ex agris in urbem inlatus
pro nuntio fuit. Excitus Romulus—neque enim dilationem 6
pati tam uicinum bellum poterat—exercitum educit, castra
a Fidenis mille passuum locat. Ibi modico praesidio relicto, 7
egressus omnibus copiis partem militum locis circa †densa
obsita uirgulta† obscuris subsidere in insidiis iussit: cum
parte maiore atque omni equitatu profectus, id quod quaerebat, tumultuoso et minaci genere pugnae adequitando
ipsis prope portis hostem exciuit. Fugae quoque, quae
simulanda erat, eadem equestris pugna causam minus
mirabilem dedit. Et cum, uelut inter pugnae fugaeque 8
consilium trepidante equitatu, pedes quoque referret
gradum, plenis repente portis effusi hostes impulsa Romana

14 3 renouatum est Δ: renouatum M   4 occupant Δ: occupabant
M   uastatur HOEU: uastantur MP   5 quia dextra H: qua dextra
MOEP: quia dexteram U   7 densa obsita uirgulta N: densis obsitis
uirgultis *Hertz, qui* obscuris *cum* insidiis *coniunxit* (*cf.* Amm. Marc. 16. 12. 23
'clandestinis insidiis et obscuris'); *cf.* 21. 54. 1 'riuus... circa obsitus...
uirgultis'

acie studio instandi sequendique trahuntur ad locum in-
sidiarum. Inde subito exorti Romani transuersam inua-
dunt hostium aciem; addunt pauorem mota e castris signa
eorum qui in praesidio relicti fuerant. Ita multiplici
terrore perculsi Fidenates prius paene, quam Romulus
quique cum eo uiri erant circumagerent frenis equos, terga
uertunt; multoque effusius, quippe uera fuga, qui simu-
lantes paulo ante secuti erant oppidum repetebant. Non
tamen eripuere se hosti: haerens in tergo Romanus, priusquam fores portarum obicerentur, uelut agmine uno in-
rumpit.

15   Belli Fidenatis contagione inritati Veientium animi et
consanguinitate—nam Fidenates quoque Etrusci fuerunt—
et quod ipsa propinquitas loci, si Romana arma omnibus
infesta finitimis essent, stimulabat. In fines Romanos
excucurrerunt populabundi magis quam iusti more belli.
Itaque non castris positis, non exspectato hostium exercitu,
raptam ex agris praedam portantes Veios rediere. Romanus
contra postquam hostem in agris non inuenit, dimicationi
ultimae instructus intentusque Tiberim transit. Quem
postquam castra ponere et ad urbem accessurum Veientes
audiuere, obuiam egressi, ut potius acie decernerent quam
inclusi de tectis moenibusque dimicarent. Ibi uiribus nulla
arte adiutis, tantum ueterani robore exercitus rex Romanus
uicit; persecutusque fusos ad moenia hostes, urbe ualida
muris ac situ ipso munita abstinuit, agros rediens uastat,
ulciscendi magis quam praedae studio; eaque clade haud
minus quam aduersa pugna subacti Veientes pacem petitum

---

9 e castris *HOU*: castris *MP*: *add.* e *P*cm: castri *E*, castris *E*c: *add.* e *E*c
quique cum eo uiri erant *Ogilvie, coll. Verg. Aen.* 7. 682: quique cum eo
quique cum equis abierant usi erant M: quique cum eo cum equis
abierant u¹si erant *M*c: quique cum eo quisierant *P*: quique cum eo equis
ierant *P*c, *Gron.*: quique cum eo uisierant *H*: quique cum eo uisi erant
OEU, *Madvig*: quique cum eo equites erant *D. Heinsius*: quique auehi
cum eo uisi erant *Walters*
15 1 stimulabat *O*c*U*: stimulabant *MHOEP*   4 arte *Nannius*:
parte **N**   adiutis *Δ*: adiuti *M*   tantum ueterani *Δ*: tum ueterani *M*

oratores Romam mittunt. Agri parte multatis in centum annos indutiae datae.

Haec ferme Romulo regnante domi militiaeque gesta, 6 quorum nihil absonum fidei diuinae originis diuinitatisque post mortem creditae fuit, non animus in regno auito reciperando, non condendae urbis consilium, non bello ac pace firmandae. Ab illo enim profecto uiribus datis tantum 7 ualuit ut in quadraginta deinde annos tutam pacem haberet. Multitudini tamen gratior fuit quam patribus, longe ante 8 alios acceptissimus militum animis; trecentosque armatos ad custodiam corporis quos Celeres appellauit non in bello solum sed etiam in pace habuit.

His mortalibus editis operibus cum ad exercitum recen- 16 sendum contionem in campo ad Caprae paludem haberet, subito coorta tempestas cum magno fragore tonitribusque tam denso regem operuit nimbo ut conspectum eius contioni abstulerit; nec deinde in terris Romulus fuit. Romana 2 pubes sedato tandem pauore postquam ex tam turbido die serena et tranquilla lux rediit, ubi uacuam sedem regiam uidit, etsi satis credebat patribus qui proximi steterant sublimem raptum procella, tamen uelut orbitatis metu icta maestum aliquamdiu silentium obtinuit. Deinde a paucis 3 initio facto, deum deo natum, regem parentemque urbis Romanae saluere uniuersi Romulum iubent; pacem precibus exposcunt, uti uolens propitius suam semper sospitet progeniem. Fuisse credo tum quoque aliquos qui discer- 4 ptum regem patrum manibus taciti arguerent; manauit enim haec quoque sed perobscura fama; illam alteram admiratio uiri et pauor praesens nobilitauit. Et consilio 5 etiam unius hominis addita rei dicitur fides. Namque Proculus Iulius, sollicita ciuitate desiderio regis et infensa patribus, grauis, ut traditur, quamuis magnae rei auctor in contionem prodit. 'Romulus,' inquit, 'Quirites, parens 6

7 ab illo N: a bello *Ruperti*
16 1 mortalibus *Crevier, cf.* 1. 2. 6: immortalibus N 4 discerptum] disceptum *H*: discep ptum *P, corr.* P^{c=1}

1. 16. 6   TITI LIVI

urbis huius, prima hodierna luce caelo repente delapsus se mihi obuium dedit. Cum perfusus horrore uenerabundusque adstitissem petens precibus ut contra intueri fas esset,
7 "Abi, nuntia" inquit "Romanis, caelestes ita uelle ut mea Roma caput orbis terrarum sit; proinde rem militarem colant sciantque et ita posteris tradant nullas opes humanas armis Romanis resistere posse." Haec' inquit 'locutus
8 sublimis abiit.' Mirum quantum illi uiro nuntianti haec fides fuerit, quamque desiderium Romuli apud plebem exercitumque facta fide immortalitatis lenitum sit.
17 Patrum interim animos certamen regni ac cupido uersabat, necdum ad singulos, quia nemo magno opere eminebat in nouo populo, peruenerat: factionibus inter
2 ordines certabatur. Oriundi ab Sabinis, ne quia post Tati mortem ab sua parte non erat regnatum, in societate aequa possessionem imperii amitterent, sui corporis creari regem uolebant: Romani ueteres peregrinum regem asperna-
3 bantur. In uariis uoluntatibus regnari tamen omnes uole-
4 bant, libertatis dulcedine nondum experta. Timor deinde patres incessit ne ciuitatem sine imperio, exercitum sine duce, multarum circa ciuitatium inritatis animis, uis aliqua externa adoriretur. Et esse igitur aliquod caput placebat, et nemo alteri concedere in animum inducebat.
5 Ita rem inter se centum patres, decem decuriis factis singulisque in singulas decurias creatis qui summae rerum
6 praeessent consociant. Decem imperitabant: unus cum insignibus imperii et lictoribus erat: quinque dierum spatio finiebatur imperium ac per omnes in orbem ibat, annuumque interuallum regni fuit. Id ab re quod nunc quoque
7 tenet nomen interregnum appellatum. Fremere deinde plebs multiplicatam seruitutem, centum pro uno dominos

6 uenerabundusque Δ: uenerabundus M: -ne add. M^c   7 abiit, MHOEP^cU: habiit PM^c   8 fides N: fidei Gron.
17 1 ad singulos Graeuius: a singulis N; cf. 1. 43. 11, 7. 21. 2
2 aequa UP^c: equa PO: quia M: qua M^cE (add. e E^cal = equa): de qua H   3 regnari Lipsius: regnare N: regem Ed. Rom. 1469

factos; nec ultra nisi regem et ab ipsis creatum uidebantur passuri. Cum sensissent ea moueri patres, offerendum ultro 8 rati quod amissuri erant, ita gratiam ineunt summa potestate populo permissa ut non plus darent iuris quam detinerent. Decreuerunt enim ut cum populus regem iussisset, id sic 9 ratum esset si patres auctores fierent. Hodie quoque in legibus magistratibusque rogandis usurpatur idem ius, ui adempta: priusquam populus suffragium ineat, in incertum comitiorum euentum patres auctores fiunt. Tum interrex 10 contione aduocata, 'Quod bonum, faustum felixque sit,' inquit, 'Quirites, regem create: ita patribus uisum est. Patres deinde, si dignum qui secundus ab Romulo numeretur crearitis, auctores fient.' Adeo id gratum plebi fuit ut, 11 ne uicti beneficio uiderentur, id modo sciscerent iuberentque ut senatus decerneret qui Romae regnaret.

Inclita iustitia religioque ea tempestate Numae Pompili 18 erat. Curibus Sabinis habitabat, consultissimus uir, ut in illa quisquam esse aetate poterat, omnis diuini atque humani iuris. Auctorem doctrinae eius, quia non exstat 2 alius, falso Samium Pythagoram edunt, quem Seruio Tullio regnante Romae centum amplius post annos in ultima Italiae ora circa Metapontum Heracleamque et Crotonem iuuenum aemulantium studia coetus habuisse constat. 3 Ex quibus locis, etsi eiusdem aetatis fuisset, qua fama in Sabinos aut quo linguae commercio quemquam ad

7 nisi ΔM^{cal}: *om.* M 8 ea moueri M: amoueri H: et amoueri EPU: ea amoueri P^c: se ammoueri O 9 sic ratum *Aldus*: si gratum $MHOEP$: sic gratum U idem *Ed. Rom.* 1470: id enim N in incertum HEU: incertum MPO: in *rest.* $P^{cal}M^{cal}$ 10 numeretur Δ: dinumeretur M: diuo numeretur *Weissenborn* 11 ut senatus Δ: quod senatus M

18 1 uir] *om.* M, *rest.* M^{cal} 2 Pythagoram HO: Pytagoram MU: Phytagoram E: Pythagora P Crotonem] *sic semper alibi apud Livium*: grotonam M: ctotonam P: crotonam P^cHOEU: Crotona *Glareanus* 3 qua fama *Sigonius*: quae fama N *locum nimis durum uarie tentauerunt editores, e.g.* qua fama in Sabinos ⟨lata⟩ *Ruperti*: quae fama in Sabinos? *interpunxit Wex*: qua fama *Heumann, qui* in Sabinos *ante* peruenisset *transposuit*

TITI LIVI

cupiditatem discendi exciuisset? Quoue praesidio unus per
4 tot gentes dissonas sermone moribusque peruenisset? Suopte
igitur ingenio temperatum animum uirtutibus fuisse opinor
magis instructumque non tam peregrinis artibus quam
disciplina tetrica ac tristi ueterum Sabinorum, quo genere
5 nullum quondam incorruptius fuit. Audito nomine Numae
patres Romani, quamquam inclinari opes ad Sabinos rege
inde sumpto uidebantur, tamen neque se quisquam nec
factionis suae alium nec denique patrum aut ciuium quemquam
praeferre illi uiro ausi, ad unum omnes Numae
6 Pompilio regnum deferendum decernunt. Accitus, sicut
Romulus augurato urbe condenda regnum adeptus est, de
se quoque deos consuli iussit. Inde ab augure, cui deinde
honoris ergo publicum id perpetuumque sacerdotium fuit,
deductus in arcem, in lapide ad meridiem uersus consedit.
7 Augur ad laeuam eius capite uelato sedem cepit, dextra
manu baculum sine nodo aduncum tenens, quem lituum
appellarunt. Inde ubi prospectu in urbem agrumque capto
deos precatus regiones ab oriente ad occasum determinauit,
dextras ad meridiem partes, laeuas ad septentrionem esse
8 dixit; signum contra quod longissime conspectum oculi
ferebant animo finiuit; tum lituo in laeuam manum
translato, dextra in caput Numae imposita, precatus ita est:
9 'Iuppiter pater, si est fas hunc Numam Pompilium cuius
ego caput teneo regem Romae esse, uti tu signa nobis certa
10 adclarassis inter eos fines quod feci.' Tum peregit uerbis
auspicia quae mitti uellet. Quibus missis declaratus rex
Numa de templo descendit.
19 Qui regno ita potitus urbem nouam conditam ui et
armis, iure eam legibusque ac moribus de integro condere
2 parat. Quibus cum inter bella adsuescere uideret non posse
—quippe efferari militia animos—mitigandum ferocem
populum armorum desuetudine ratus, Ianum ad infimum

6 in lapide *Ed. Ven.* 1470: in lapidem MP^c: lapidem *HOEPU*
7 prospectu Δ: prospectum *M*   8 quod *HOEPU*: quo P^c: quō *M*:
quoad *Weissenborn*: *uide Norden, Aus altrömischen Priesterbüchern, p.* 34 *n.* 5

AB VRBE CONDITA

Argiletum indicem pacis bellique fecit, apertus ut in armis esse ciuitatem, clausus pacatos circa omnes populos significaret. Bis deinde post Numae regnum clausus fuit, 3 semel T. Manlio consule post Punicum primum perfectum bellum, iterum, quod nostrae aetati di dederunt ut uideremus, post bellum Actiacum ab imperatore Caesare Augusto pace terra marique parta. Clauso eo cum omnium circa 4 finitimorum societate ac foederibus iunxisset animos, positis externorum periculorum curis, ne luxuriarent otio animi quos metus hostium disciplinaque militaris continuerat, omnium primum, rem ad multitudinem imperitam et illis saeculis rudem efficacissimam, deorum metum iniciendum ratus est. Qui cum descendere ad animos sine aliquo 5 commento miraculi non posset, simulat sibi cum dea Egeria congressus nocturnos esse; eius se monitu quae acceptissima dis essent sacra instituere, sacerdotes suos cuique deorum praeficere. Atque omnium primum ad cursus lunae in 6 duodecim menses discribit annum; quem quia tricenos dies singulis mensibus luna non explet desuntque ⟨undecim⟩ dies solido anno qui solstitiali circumagitur orbe, intercalariis mensibus interponendis ita dispensauit, ut uicesimo anno ad metam eandem solis unde orsi essent, plenis omnium annorum spatiis dies congruerent. Idem nefastos dies 7 fastosque fecit quia aliquando nihil cum populo agi utile futurum erat.

Tum sacerdotibus creandis animum adiecit, quamquam 20 ipse plurima sacra obibat, ea maxime quae nunc ad Dialem flaminem pertinent. Sed quia in ciuitate bellicosa plures 2 Romuli quam Numae similes reges putabat fore iturosque ipsos ad bella, ne sacra regiae uicis desererentur flaminem

19 6 lunae in *HEPU*: in *om. MO,* rest. M^{ca1} discribit *Bücheler*: describit *MHOEP*: distribuit *U* undecim *add. J. S. Reid: iam antea scribae codicis Bambergensis et, ut uidetur, Floriacensis, de quibus uide Praefationem editoris p. xiii lacunam suppleuerant; scribebant enim* desuntque ui [i.e. sex] dies intercalariis *Heerwagen*: intercalares $MOEP^cU$: intercaleres *P*: interaclares *H*: intercalaribus *Gron.*

TITI LIVI

Ioui adsiduum sacerdotem creauit insignique eum ueste et curuli regia sella adornauit. Huic duos flamines adiecit,
3 Marti unum, alterum Quirino, uirginesque Vestae legit, Alba oriundum sacerdotium et genti conditoris haud alienum. His ut adsiduae templi antistites essent stipendium de publico statuit; uirginitaté aliisque caerimoniis uenera-
4 biles ac sanctas fecit. Salios item duodecim Marti Gradiuo legit, tunicaeque pictae insigne dedit et super tunicam aeneum pectori tegumen; caelestiaque arma, quae ancilia appellantur, ferre ac per urbem ire canentes carmina cum
5 tripudiis sollemnique saltatu iussit. Pontificem deinde Numam Marcium Marci filium ex patribus legit eique sacra omnia exscripta exsignataque attribuit, quibus hostiis, quibus diebus, ad quae templa sacra fierent, atque unde in
6 eos sumptus pecunia erogaretur. Cetera quoque omnia publica priuataque sacra pontificis scitis subiecit, ut esset quo consultum plebes ueniret, ne quid diuini iuris neglegendo patrios ritus peregrinosque adsciscendo turbaretur;
7 nec caelestes modo caerimonias, sed iusta quoque funebria placandosque manes ut idem pontifex edoceret, quaeque prodigia fulminibus alioue quo uisu missa susciperentur atque procurarentur. Ad ea elicienda ex mentibus diuinis Ioui Elicio aram in Auentino dicauit deumque consuluit auguriis, quae suscipienda essent.
21 Ad haec consultanda procurandaque multitudine omni a ui et armis conuersa, et animi aliquid agendo occupati erant, et deorum adsidua insidens cura, cum interesse rebus humanis caeleste numen uideretur, ea pietate omnium pectora imbuerat ut fides ac ius iurandum pro legum ac
2 poenarum metu ciuitatem regerent. Et cum ipsi se homines in regis uelut unici exempli mores formarent, tum finitimi

---

20 3 his *OEU*: is *PH*: iis *P*cm*M*   4 Salios *HP*cm: alios *MOEPU*
5 ad quae *M*c*HEPU*: aut quae *M*: atque *O*   pecunia erogaretur *HOE*c*P*c*U*: pecuniae rogaretur *E*: pecunia rogarentur *P*: pecunia rogaretur *M*   7 procurarentur *Gron.*: curarentur **N**
21 1 pro *Novdk*: proximo **N**: pro maximo *Brakman*

AB VRBE CONDITA

etiam populi, qui antea castra non urbem positam in medio ad sollicitandam omnium pacem crediderant, in eam uerecundiam adducti sunt, ut ciuitatem totam in cultum uersam deorum uiolari ducerent nefas. Lucus erat quem 3 medium ex opaco specu fons perenni rigabat aqua. Quo quia se persaepe Numa sine arbitris uelut ad congressum deae inferebat, Camenis eum lucum sacrauit, quod earum ibi concilia cum coniuge sua Egeria essent. Et Fidei 4 sollemne instituit. Ad id sacrarium flamines bigis curru arcuato uehi iussit manuque ad digitos usque inuoluta rem diuinam facere, significantes fidem tutandam sedemque eius etiam in dexteris sacratam esse. Multa alia sacrificia locaque 5 sacris faciendis quae Argeos pontifices uocant dedicauit. Omnium tamen maximum eius operum fuit tutela per omne regni tempus haud minor pacis quam regni. Ita duo 6 deinceps reges, alius alia uia, ille bello, hic pace, ciuitatem auxerunt. Romulus septem et triginta regnauit annos, Numa tres et quadraginta. Cum ualida tum temperata et belli et pacis artibus erat ciuitas.

Numae morte ad interregnum res rediit. Inde Tullum 22 Hostilium, nepotem Hostili, cuius in infima arce clara pugna aduersus Sabinos fuerat, regem populus iussit; patres auctores facti. Hic non solum proximo regi dissimilis sed 2 ferocior etiam quam Romulus fuit. Cum aetas uiresque tum auita quoque gloria animum stimulabat. Senescere igitur ciuitatem otio ratus undique materiam excitandi belli quaerebat. Forte euenit ut agrestes Romani ex Albano 3 agro, Albani ex Romano praedas in uicem agerent. Imperi- 4 tabat tum Gaius Cluilius Albae. Vtrimque legati fere sub idem tempus ad res repetendas missi. Tullus praeceperat

2 antea *M*: ante *Δ*   3 medium *ΔM*ᶜ: medius *M*; *cf. Priscian*. 6. 76 (*p*. 260 *Keil*)   earum ibi *Nannius*: earum sibi *MHPU*: dearum sibi *OE*   concilia *Δ*: consilia *M*   4 Fidei *Sigonius*: soli Fidei *N*, *sed post* instituit *iterum* soli *inseruit M*, *quod M*ᶜ *postea erasit, et in E ibidem spatium iu litt. relictum: cf. eandem corruptelam apud Apul. Apol.* 16. 1

22 4 Cluilius *Glareanus*, *cf. D.H.* 8. 22. 1; clu lius *M*: ciuilius *HOEP*ᶜ (*in ras.*): *quid P habuerit parum liquet*: ḡ. publius *U*

suis ne quid prius quam mandata agerent; satis sciebat
5 negaturum Albanum; ita pie bellum indici posse. Ab Albanis socordius res acta; excepti hospitio ab Tullo blande
ac benigne, comiter regis conuiuium celebrant. Tantisper
Romani et res repetiuerant priores et neganti Albano bellum
in tricesimum diem indixerant. Haec renuntiant Tullo.
6 Tum legatis Tullus dicendi potestatem quid petentes uenerint facit. Illi omnium ignari primum purgando terunt
tempus: se inuitos quicquam quod minus placeat Tullo
dicturos, sed imperio subigi; res repetitum se uenisse; ni
7 reddantur bellum indicere iussos. Ad haec Tullus 'Nuntiate'
inquit 'regi uestro regem Romanum deos facere testes, uter
prius populus res repetentes legatos aspernatus dimiserit, ut
in eum omnes expetant huiusce clades belli.'
23 Haec nuntiant domum Albani. Et bellum utrimque
summa ope parabatur, ciuili simillimum bello, prope inter
parentes natosque, Troianam utramque prolem, cum Lauinium ab Troia, ab Lauinio Alba, ab Albanorum stirpe
2 regum oriundi Romani essent. Euentus tamen belli minus
miserabilem dimicationem fecit, quod nec acie certatum
est et tectis modo dirutis alterius urbis duo populi in unum
3 confusi sunt. Albani priores ingenti exercitu in agrum
Romanum impetum fecere. Castra ab urbe haud plus
quinque milia passuum locant, fossa circumdant; fossa
Cluilia ab nomine ducis per aliquot saecula appellata est,
4 donec cum re nomen quoque uetustate aboleuit. In his
castris Cluilius Albanus rex moritur; dictatorem Albani
Mettium Fufetium creant. Interim Tullus, ferox praecipue
morte regis, magnumque deorum numen ab ipso capite
orsum in omne nomen Albanum expetiturum poenas ob

5 comiter *HOEP^cU*: comi fronte comiter *P*: concomi fronte ter *M*:
concomi fraterniterque *M^c*: comi fronte *Madvig*   6 tum *Δ*: tunc
M   facit *Δ*: fecit *M*

23 3 Cluilia *Glareanus*: cluili *M*: ciuili *HP*: ciuilii *OEU*   uetustate
Ed. Rom. 1469: cum uetustate **N**   4 Cluilius *Glareanus*: clui uilius
M: ciuilius *Δ*

AB VRBE CONDITA 1.23.4

bellum impium dictitans, nocte praeteritis hostium castris, infesto exercitu in agrum Albanum pergit. Ea res ab statiuis 5 exciuit Mettium. Ducit quam proxime ad hostem potest; inde legatum praemissum nuntiare Tullo iubet priusquam dimicent opus esse conloquio; si secum congressus sit, satis scire ea se allaturum quae nihilominus ad rem Romanam quam ad Albanam pertineant. Haud aspernatus Tullus 6 tametsi uana adferebantur, in aciem educit. Exeunt contra et Albani. Postquam instructi utrimque stabant, cum paucis procerum in medium duces procedunt. Ibi infit Albanus: 7 'Iniurias et non redditas res ex foedere quae repetitae sint, et ego regem nostrum Cluilium causam huiusce esse belli audisse uideor, nec te dubito, Tulle, eadem prae te ferre; sed si uera potius quam dictu speciosa dicenda sunt, cupido imperii duos cognatos uicinosque populos ad arma stimulat. Neque, recte an perperam, interpretor. Fuerit ista eius 8 deliberatio qui bellum suscepit: me Albani gerendo bello ducem creauere. Illud te, Tulle, monitum uelim: Etrusca res quanta circa nos teque maxime sit, quo proprior, hoc magis scis. Multum illi terra, plurimum mari pollent. Memor esto, iam cum signum pugnae dabis, has duas acies spectaculo 9 fore ut fessos confectosque simul uictorem ac uictum adgrediantur. Itaque si nos di amant, quoniam non contenti libertate certa in dubiam imperii seruitiique aleam imus, ineamus aliquam uiam qua utri utris imperent sine magna clade, sine multo sanguine utriusque populi decerni possit.' Haud displicet res Tullo quamquam cum indole animi tum 10

5 colloquio *Δ*: colloquia *M*: colloquium *Alan*   nihilominus] nihil hominus *MH*   6 tametsi uana adf(aff- *HOEU*)erebantur *N, cf. Cic. de Orat.* 2. 120: tamen si uana adferantur *I. H. Voss*: tametsi uana adferri rebatur *Tan. Faber*   6 instructi *Sabellicus*: structi *Mπ*: fructi *H*   procedunt *π*: prodeunt procedunt *M*: prodeunt *HP*cm   7 Cluilium *M*: Ciuilium *Δ*   8 uelim. Etrusca *M*c*HOEP*c: uelli metrusca *MP*: uellem etrusca *U*   propior *Ogilvie*: propior es uulscis *H*: propior uulscis *OEP*c: propior uulsis *P*: propior uolscis *U*: proprior uulscis *M*: uulscis *secl. I. H. Voss*, Tuscis *coni. Stroth*   9 signum *ΔM*c: signo *M*   qua *HOE*c*U*: quam *MEP*

1.23.10   TITI LIVI

spe uictoriae ferocior erat. Quaerentibus utrimque ratio initur cui et fortuna ipsa praebuit materiam.

24   Forte in duobus tum exercitibus erant trigemini fratres, nec aetate nec uiribus dispares. Horatios Curiatiosque fuisse satis constat, nec ferme res antiqua alia est nobilior; tamen in re tam clara nominum error manet, utrius populi Horatii, utrius Curiatii fuerint. Auctores utroque trahunt; plures tamen inuenio qui Romanos Horatios uocent; hos ut
2 sequar inclinat animus. Cum trigeminis agunt reges ut pro sua quisque patria dimicent ferro; ibi imperium fore unde uictoria fuerit. Nihil recusatur; tempus et locus conuenit.
3 Priusquam dimicarent foedus ictum inter Romanos et Albanos est his legibus ut cuiusque populi ciues eo certamine uicissent, is alteri populo cum bona pace imperitaret. Foedera alia aliis legibus, ceterum eodem modo omnia fiunt.
4 Tum ita factum accepimus, nec ullius uetustior foederis memoria est. Fetialis regem Tullum ita rogauit: 'Iubesne me, rex, cum patre patrato populi Albani foedus ferire?' Iubente rege, 'Sagmina' inquit 'te, rex, posco.' Rex ait:
5 'Puram tollito.' Fetialis ex arce graminis herbam puram attulit. Postea regem ita rogauit: 'Rex, facisne me tu regium nuntium populi Romani Quiritium, uasa comitesque meos?' Rex respondit: 'Quod sine fraude mea populi-
6 que Romani Quiritium fiat, facio.' Fetialis erat M. Valerius; is patrem patratum Sp. Fusium fecit, uerbena caput capillosque tangens. Pater patratus ad ius iurandum patrandum, id est, sanciendum fit foedus; multisque id uerbis, quae longo effata carmine non operae est referre,
7 peragit. Legibus deinde recitatis, 'Audi,' inquit, 'Iuppiter; audi, pater patrate populi Albani; audi tu, populus Alba-

24 1 Curiatiosque Δ: curatiosque M   Curiatii] Curati MP   Horatios HEP^cU: oratios MOP   3 cuiusque N: cuius Aldus   5 puram N (sc. herbam): pura Sigonius   6 is patrem M: patrem Δ   patrandum, id est EPU: patrandum id O: patrandum est H: patrondumidē M: patrono umidē M^c   7 audi tu MOEP^cU: auditu PH: audito Krupp

30

nus. Vt illa palam prima postrema ex illis tabulis ceraue recitata sunt sine dolo malo, utique ea hic hodie rectissime intellecta sunt, illis legibus populus Romanus prior non deficiet. Si prior defexit publico consilio dolo malo, tum 8 illo die, Iuppiter, populum Romanum sic ferito ut ego hunc porcum hic hodie feriam; tantoque magis ferito quanto magis potes pollesque.' Id ubi dixit porcum saxo silice 9 percussit. Sua item carmina Albani suumque ius iurandum per suum dictatorem suosque sacerdotes peregerunt.

Foedere icto trigemini, sicut conuenerat, arma capiunt. 25 Cum sui utrosque adhortarentur, deos patrios, patriam ac parentes, quidquid ciuium domi, quidquid in exercitu sit, illorum tunc arma, illorum intueri manus, feroces et suopte ingenio et pleni adhortantium uocibus in medium inter duas acies procedunt. Consederant utrimque pro castris duo 2 exercitus, periculi magis praesentis quam curae expertes; quippe imperium agebatur in tam paucorum uirtute atque fortuna positum. Itaque ergo erecti suspensique in minime gratum spectaculum animo intenduntur. Datur signum 3 infestisque armis uelut acies terni iuuenes magnorum exercituum animos gerentes concurrunt. Nec his nec illis periculum suum, publicum imperium seruitiumque obuersatur animo futuraque ea deinde patriae fortuna quam ipsi fecissent. Vt primo statim concursu increpuere arma 4 micantesque fulsere gladii, horror ingens spectantes perstringit et neutro inclinata spe torpebat uox spiritusque. Consertis deinde manibus cum iam non motus tantum 5 corporum agitatioque anceps telorum armorumque sed uolnera quoque et sanguis spectaculo essent, duo Romani super alium alius, uolneratis tribus Albanis, exspirantes corruerunt. Ad quorum casum cum conclamasset gaudio 6 Albanus exercitus, Romanas legiones iam spes tota, non-

---

7 postrema *Rhenanus*: postremum **N**   8 tum illo die, Iuppiter *M*ᶜ, *Frigell*: tum ille dies iuppiter *MHO* (*sed in O* iupiter) *EP*: tum illa die iuppiter *U*: tum ille Diespiter *Turnebus*
25 2 intenduntur *Gebhard, coll.* 2. 37. 5: incenduntur **N**

TITI LIVI

dum tamen cura deseruerat, exanimes uicem unius quem
7 tres Curiatii circumsteterant. Forte is integer fuit, ut uniuersis solus nequaquam par, sic aduersus singulos ferox.
Ergo ut segregaret pugnam eorum capessit fugam, ita ratus
secuturos ut quemque uolnere adfectum corpus sineret.
8 Iam aliquantum spatii ex eo loco ubi pugnatum est aufugerat, cum respiciens uidet magnis interuallis sequentes,
9 unum haud procul ab sese abesse. In eum magno impetu
rediit; et dum Albanus exercitus inclamat Curiatiis uti
opem ferant fratri, iam Horatius caeso hoste uictor secundam pugnam petebat. Tunc clamore qualis ex insperato
fauentium solet Romani adiuuant militem suum; et ille
10 defungi proelio festinat. Prius itaque quam alter—nec
procul aberat—consequi posset, et alterum Curiatium
11 conficit; iamque aequato Marte singuli supererant, sed
nec spe nec uiribus pares. Alterum intactum ferro corpus et
geminata uictoria ferocem in certamen tertium dabat: alter
fessum uolnere, fessum cursu trahens corpus uictusque fratrum ante se strage uictori obicitur hosti. Nec illud proelium
12 fuit. Romanus exsultans 'Duos' inquit 'fratrum manibus
dedi; tertium causae belli huiusce, ut Romanus Albano
imperet, dabo.' Male sustinenti arma gladium superne
13 iugulo defigit, iacentem spoliat. Romani ouantes ac gratulantes Horatium accipiunt, eo maiore cum gaudio, quo
prope metum res fuerat. Ad sepulturam inde suorum
nequaquam paribus animis uertuntur, quippe imperio
14 alteri aucti, alteri dicionis alienae facti. Sepulcra exstant
quo quisque loco cecidit, duo Romana uno loco propius
Albam, tria Albana Romam uersus sed distantia locis ut et
pugnatum est.

6 deseruerat] deseruat *H*: deseruarat *P*, corr. *P*ᶜ   uicem *Gron.*, *cf*.
8. 35. 1 *et al*.: uice **N**   7 ut quemque *Δ*: quoque *M* (*om*. ut): quemque *M*ᶜ   8 iam *Δ*: tum iam *M*   9 in eum *ΔM*ᶜ: in eo *M*
Horatius] oratius *MP*: oracius *H*   10 nec *M*: qui nec *Δ*: *add.*
qui *M*ᶜᵃˡ   12 causae *Gron.*: causam **N**   13 Horatium] oratium
M: oracium *H*   nequaquam] quamquam *M*: quaquam *M*ᶜ: *add.*
ne *M*ᶜᵃˡ

Priusquam inde digrederentur, roganti Mettio ex foedere 26
icto quid imperaret, imperat Tullus uti iuuentutem in
armis habeat: usurum se eorum opera si bellum cum
Veientibus foret. Ita exercitus inde domos abducti. Princeps 2
Horatius ibat, trigemina spolia prae se gerens; cui soror
uirgo, quae desponsa uni ex Curiatiis fuerat, obuia ante
portam Capenam fuit, cognitoque super umeros fratris
paludamento sponsi quod ipsa confecerat, soluit crines et
flebiliter nomine sponsum mortuum appellat. Mouet feroci 3
iuueni animum comploratio sororis in uictoria sua tantoque gaudio publico. Stricto itaque gladio simul uerbis
increpans transfigit puellam. 'Abi hinc cum immaturo 4
amore ad sponsum,' inquit, 'oblita fratrum mortuorum
uiuique, oblita patriae. Sic eat quaecumque Romana
lugebit hostem.' Atrox uisum id facinus patribus plebique, 5
sed recens meritum facto obstabat. Tamen raptus in ius ad
regem. Rex ne ipse tam tristis ingratique ad uolgus iudicii
ac secundum iudicium supplicii auctor esset, concilio
populi aduocato 'Duumuiros,' inquit, 'qui Horatio perduellionem iudicent, secundum legem facio.' Lex horrendi 6
carminis erat: 'Duumuiri perduellionem iudicent; si a
duumuiris prouocarit, prouocatione certato; si uincent,
caput obnubito; infelici arbori reste suspendito; uerberato
uel intra pomerium uel extra pomerium.' Hac lege duum- 7
uiri creati, qui se absoluere non rebantur ea lege ne
innoxium quidem posse, cum condemnassent, tum alter ex
iis 'Publi Horati, tibi perduellionem iudico' inquit. 'I,
lictor, colliga manus.' Accesserat lictor iniciebatque la- 8
queum. Tum Horatius auctore Tullo, clemente legis inter-

26 1 Mettio] metitio M: metio PU: *add.* t U^{cs1} 2 Horatium]
oratium M: oracium H 3 quae] *om. M*: *add.* M^{cs1}: quam P, *corr.* P^c
4 uiuique ΔM^c: uiuitque M 5 in ius HOE^c: initus M: intus
EPU: ius P^{cm} ac secundum *Rhenanus*: ad secundum N 6 uel extra
pomerium Δ: *om. M*   7 iis *Madvig*: his N inquit. 'I, lictor
Modius: inquii lictor M: inquit lictor $M^c\Delta$ colliga] conlige M,
corr. M^c: collisa P, g P^{cm} 8 Horatius auctore Tullo] oratius auctor
et tullo MH

prete, 'Prouoco' inquit. Itaque prouocatione certatum ad
9 populum est. Moti homines sunt in eo iudicio maxime P.
Horatio patre proclamante se filiam iure caesam iudicare;
ni ita esset, patrio iure in filium animaduersurum fuisse.
Orabat deinde ne se quem paulo ante cum egregia stirpe
10 conspexissent orbum liberis facerent. Inter haec senex
iuuenem amplexus, spolia Curiatiorum fixa eo loco qui
nunc Pila Horatia appellatur ostentans, 'Huncine,' aiebat,
'quem modo decoratum ouantemque uictoria incedentem
uidistis, Quirites, eum sub furca uinctum inter uerbera et
cruciatus uidere potestis? quod uix Albanorum oculi tam
11 deforme spectaculum ferre possent. I, lictor, colliga manus,
quae paulo ante armatae imperium populo Romano pepererunt. I, caput obnube liberatoris urbis huius; arbore
infelici suspende; uerbera uel intra pomerium, modo inter
illa pila et spolia hostium, uel extra pomerium, modo inter
sepulcra Curiatiorum; quo enim ducere hunc iuuenem
potestis ubi non sua decora eum a tanta foeditate supplicii
12 uindicent?' Non tulit populus nec patris lacrimas nec ipsius
parem in omni periculo animum, absolueruntque ad-
miratione magis uirtutis quam iure causae. Itaque ut
caedes manifesta aliquo tamen piaculo lueretur, imperatum
13 patri ut filium expiaret pecunia publica. Is quibusdam
piacularibus sacrificiis factis quae deinde genti Horatiae
tradita sunt, transmisso per uiam tigillo, capite adoperto
uelut sub iugum misit iuuenem. Id hodie quoque publice
14 semper refectum manet; sororium tigillum uocant. Horatiae
sepulcrum, quo loco corruerat icta, constructum est saxo
quadrato.
27   Nec diu pax Albana mansit. Inuidia uolgi quod tribus
militibus fortuna publica commissa fuerit, uanum ingenium

8 itaque *Tan. Faber*: ita de **N**: ita demum *Lipsius*   9 Horatio]
oratio *MHP*   in filium *Ed. Rom.* 1469: in filiam **N**   11 I, caput
*M*ᶜ*UOE*: ii caput *MHP*   13 is] his *ME*: corr. *E*ᶜ   14 Horatiae]
oratiae *M*
27 1 fuerit *Mπ*: fuerat *H*, *Ruperti*: foret *Madvig*

dictatoris corrupit, et quoniam recta consilia haud bene euenerant, prauis reconciliare popularium animos coepit. Igitur ut prius in bello pacem, sic in pace bellum quaerens, 2 quia suae ciuitati animorum plus quam uirium cernebat esse, ad bellum palam atque ex edicto gerundum alios concitat populos, suis per speciem societatis proditionem reseruat. Fidenates, colonia Romana, Veientibus sociis 3 consilii adsumptis, pacto transitionis Albanorum ad bellum atque arma incitantur. Cum Fidenae aperte descissent, 4 Tullus Mettio exercituque eius ab Alba accito contra hostes ducit. Vbi Anienem transiit, ad confluentes conlocat castra. Inter eum locum et Fidenas Veientium exercitus Tiberim transierat. Hi et in acie prope flumen tenuere dextrum 5 cornu; in sinistro Fidenates propius montes consistunt. Tullus aduersus Veientem hostem derigit suos, Albanos contra legionem Fidenatium conlocat. Albano non plus animi erat quam fidei. Nec manere ergo nec transire aperte ausus sensim ad montes succedit; inde ubi satis subisse sese 6 ratus est, erigit totam aciem, fluctuansque animo ut tereret tempus ordines explicat. Consilium erat qua fortuna rem daret, ea inclinare uires. Miraculo primo esse Romanis 7 qui proximi steterant ut nudari latera sua sociorum digressu senserunt; inde eques citato equo nuntiat regi abire Albanos. Tullus in re trepida duodecim uouit Salios fanaque Pallori ac Pauori. Equitem clara increpans uoce ut hostes exaudi- 8 rent, redire in proelium iubet: nihil trepidatione opus esse; suo iussu circumduci Albanum exercitum ut Fidenatium nuda terga inuadant. Eidem imperat ut hastas equites erigere iubeat. Id factum magnae parti peditum Roma- 9 norum conspectum abeuntis Albani exercitus intersaepsit; qui uiderant, id quod ab rege auditum erat rati, eo acrius pugnant. Terror ad hostes transit; et audiuerant clara uoce

4 transiit *Ed. Rom.* 1469: transit N   5 derigit *P*: dirigit *MHOEU*
6 ea *HPOE*: eam *M*: eo *U*   8 inuadant *M*ᶜπ: inuadat *MHP*ᶜ   eidem
Gron.: idem N   erigere iubeat *OE*ᶜ: eriere iubeat *H*: erigerent iubeat
EPU: erigere erigerent iubeat *M*: erigere iubet *M*ᶜ: erigerent *Modius*

TITI LIVI

dictum, et magna pars Fidenatium, ut qui coloni additi
10 Romanis essent, Latine sciebant. Itaque ne subito ex
collibus decursu Albanorum intercluderentur ab oppido,
terga uertunt. Instat Tullus fusoque Fidenatium cornu in
Veientem alieno pauore perculsum ferocior redit. Nec illi
tulere impetum, sed ab effusa fuga flumen obiectum ab
11 tergo arcebat. Quo postquam fuga inclinauit, alii arma
foede iactantes in aquam caeci ruebant, alii dum cunctantur
in ripis inter fugae pugnaeque consilium oppressi. Non alia
ante Romana pugna atrocior fuit.
28 Tum Albanus exercitus, spectator certaminis, deductus in
campos. Mettius Tullo deuictos hostes gratulatur; contra
Tullus Mettium benigne adloquitur. Quod bene uertat,
castra Albanos Romanis castris iungere iubet; sacrificium
2 lustrale in diem posterum parat. Vbi inluxit, paratis omnibus ut adsolet, uocari ad contionem utrumque exercitum
iubet. Praecones ab extremo orsi primos exciuere Albanos.
Hi nouitate etiam rei moti ut regem Romanum contionan-
3 tem audirent proximi constitere. Ex composito armata
circumdatur Romana legio; centurionibus datum negotium
4 erat ut sine mora imperia exsequerentur. Tum ita Tullus
infit: 'Romani, si unquam ante alias ullo in bello fuit quod
primum dis immortalibus gratias ageretis, deinde uestrae
ipsorum uirtuti, hesternum id proelium fuit. Dimicatum est
enim non magis cum hostibus quam, quae dimicatio maior
atque periculosior est, cum proditione ac perfidia sociorum.
5 Nam ne uos falsa opinio teneat, iniussu meo Albani subiere
ad montes, nec imperium illud meum sed consilium et
imperii simulatio fuit, ut nec uobis, ignorantibus deseri uos,
auerteretur a certamine animus, et hostibus, circumueniri

9 ut qui ... Romanis N: ut quibus ... Romanis *Walters*: ut queis
... Romanis *Tan. Faber*   10 perculsum $M^c\Delta$: percussum M
11 fuga N: pugna *Cornelissen*
28 4 hesternum P^cU: esternum MO: externum M^cHP 5 subiere
ad OPU: subiereat M: subierant M^c: subicere ad H circumueniri U^c:
circumuenire $MHOPU$

se ab tergo ratis, terror ac fuga iniceretur. Nec ea culpa 6
quam arguo omnium Albanorum est: ducem secuti sunt, ut
et uos, si quo ego inde agmen declinare uoluissem, fecissetis.
Mettius ille est ductor itineris huius, Mettius idem huius
machinator belli, Mettius foederis Romani Albanique
ruptor. Audeat deinde talia alius, nisi in hunc insigne iam
documentum mortalibus dedero.' Centuriones armati 7
Mettium circumsistunt; rex cetera ut orsus erat peragit:
'Quod bonum faustum felixque sit populo Romano ac mihi
uobisque, Albani, populum omnem Albanum Romam
traducere in animo est, ciuitatem dare plebi, primores in
patres legere, unam urbem, unam rem publicam facere; ut
ex uno quondam in duos populos diuisa Albana res est, sic
nunc in unum redeat.' Ad haec Albana pubes, inermis ab 8
armatis saepta, in uariis uoluntatibus communi tamen metu
cogente, silentium tenet. Tum Tullus 'Metti Fufeti,' inquit, 9
'si ipse discere posses fidem ac foedera seruare, uiuo tibi ea
disciplina a me adhibita esset; nunc quoniam tuum insana-
bile ingenium est, at tu tuo supplicio doce humanum genus
ea sancta credere quae a te uiolata sunt. Vt igitur paulo ante
animum inter Fidenatem Romanamque rem ancipitem gessisti, ita iam corpus passim distrahendum dabis.' Exinde 10
duabus admotis quadrigis, in currus earum distentum inligat
Mettium; deinde in diuersum iter equi concitati, lacerum in
utroque curru corpus, qua inhaeserant uinculis membra,
portantes. Auertere omnes ab tanta foeditate spectaculi 11
oculos. Primum ultimumque illud supplicium apud Romanos exempli parum memoris legum humanarum fuit: in
aliis gloriari licet nulli gentium mitiores placuisse poenas.

Inter haec iam praemissi Albam erant equites qui multi- 29
tudinem traducerent Romam. Legiones deinde ductae ad
diruendam urbem. Quae ubi intrauere portas, non quidem 2

7 Mettium] mettum *M*   Romano] rum *M*   redeat *HOPU*: red-
eant *M*   8 cogente] cogentes *MP*, *corr.* *M*c*P*c   9 gessisti]
gressisti *M*, *corr. M*c: gessistis *H*   10 Mettium] Mettum *M*
29 1 Albam] Albani *M*c*O*

fuit tumultus ille nec pauor qualis captarum esse urbium solet, cum effractis portis stratisue ariete muris aut arce ui capta clamor hostilis et cursus per urbem armatorum omnia 3 ferro flammaque miscet, sed silentium triste ac tacita maestitia ita defixit omnium animos, ut prae metu obliti quid relinquerent, quid secum ferrent, deficiente consilio rogitantesque alii alios, nunc in liminibus starent, nunc errabundi 4 domos suas ultimum illud uisuri peruagarentur. Vt uero iam equitum clamor exire iubentium instabat, iam fragor tectorum quae diruebantur ultimis urbis partibus audiebatur puluisque ex distantibus locis ortus uelut nube inducta omnia impleuerat, raptim quibus quisque poterat elatis, cum larem ac penates tectaque in quibus natus quisque educa- 5 tusque esset relinquentes exirent, iam continens agmen migrantium impleuerat uias, et conspectus aliorum mutua miseratione integrabat lacrimas, uocesque etiam miserabiles exaudiebantur mulierum, praecipue cum obsessa ab armatis templa augusta praeterirent ac uelut captos relinquerent 6 deos. Egressis urbe Albanis Romanus passim publica priuataque omnia tecta adaequat solo, unaque hora quadringentorum annorum opus quibus Alba steterat excidio ac ruinis dedit. Templis tamen deum—ita enim edictum ab rege fuerat—temperatum est.

30   Roma interim crescit Albae ruinis. Duplicatur ciuium numerus; Caelius additur urbi mons, et quo frequentius habitaretur eam sedem Tullus regiae capit ibique deinde 2 habitauit. Principes Albanorum in patres ut ea quoque pars rei publicae cresceret legit, Iulios, Seruilios, Quinctios, Geganios, Curiatios, Cloelios; templumque ordini ab se aucto curiam fecit quae Hostilia usque ad patrum nostro- 3 rum aetatem appellata est. Et ut omnium ordinum *viribus*

    3 obliti N: *secl. Madvig*   5 praecipue π: praecipuae *MH*: *ante* praecipue *distinxi*   6 urbe *Edd. uet.*: urbem N; *cf.* 3. 57. 10
30   1 deinde *M*: om. Δ   2 Iulios *Sabellicus, cf. D.H.* 3. 29. 7: tullios N, *cf.* 4. 35.   4 Quinctios] quintios N: Quinctilios *Heurgon, coll. D.H.* 3. 29. 7   Curiatios] Curatios *M*

aliquid ex nouo populo adiceretur equitum decem turmas ex Albanis legit, legiones et ueteres eodem supplemento expleuit et nouas scripsit.

Hac fiducia uirium Tullus Sabinis bellum indicit, genti 4 ea tempestate secundum Etruscos opulentissimae uiris armisque. Vtrimque iniuriae factae ac res nequiquam erant repetitae. Tullus ad Feroniae fanum mercatu frequenti 5 negotiatores Romanos comprehensos querebatur, Sabini suos prius in lucum confugisse ac Romae retentos. Hae causae belli ferebantur. Sabini haud parum memores et 6 suarum uirium partem Romae ab Tatio locatam et Romanam rem nuper etiam adiectione populi Albani auctam, circumspicere et ipsi externa auxilia. Etruria erat 7 uicina, proximi Etruscorum Veientes. Inde ob residuas bellorum iras maxime sollicitatis ad defectionem animis uoluntarios traxere, et apud uagos quosdam ex inopi plebe etiam merces ualuit: publico auxilio nullo adiuti sunt ualuitque apud Veientes—nam de ceteris minus mirum est —pacta cum Romulo indutiarum fides. Cum bellum utrim- 8 que summa ope pararent uertique in eo res uideretur utri prius arma inferrent, occupat Tullus in agrum Sabinum transire. Pugna atrox ad siluam Malitiosam fuit, ubi et 9 peditum quidem robore, ceterum equitatu aucto nuper plurimum Romana acies ualuit. Ab equitibus repente 10 inuectis turbati ordines sunt Sabinorum, nec pugna deinde illis constare nec fuga explicari sine magna caede potuit.

Deuictis Sabinis cum in magna gloria magnisque opibus 31 regnum Tulli ac tota res Romana esset, nuntiatum regi patribusque est in monte Albano lapidibus pluuisse. Quod 2

3 et ueteres *Δ*: et *om. M* 5 suos **N**: seruos suos *Madvig* lucum *Δ*: locum *M* 6 parum *Δ*: patrum *M* circumspicere *P*: circum inspicere *MHOU* 7 ualuit *Δ*: fuit ualuit *M* cum Romulo **N**: cum Tullo *Perizonius*

31 1 Romana *Δ*: humana *M* pluuisse *Priscian.* 10. 11 (*p.* 503 *Keil*): pluisse **N**

cum credi uix posset, missis ad id uisendum prodigium in conspectu haud aliter quam cum grandinem uenti glomera-
3 tam in terras agunt crebri cecidere caelo lapides. Visi etiam audire uocem ingentem ex summi cacuminis luco ut patrio ritu sacra Albani facerent, quae uelut dis quoque simul cum patria relictis obliuioni dederant, et aut Romana sacra susceperant aut fortunae, ut fit, obirati cultum reliquerant
4 deum. Romanis quoque ab eodem prodigio nouendiale sacrum publice susceptum est, seu uoce caelesti ex Albano monte missa—nam id quoque traditur—seu haruspicum monitu; mansit certe sollemne ut quandoque idem prodigium nuntiaretur feriae per nouem dies agerentur.
5 Haud ita multo post pestilentia laboratum est. Vnde cum pigritia militandi oreretur, nulla tamen ab armis quies dabatur a bellicoso rege, salubriora etiam credente militiae quam domi iuuenum corpora esse, donec ipse quoque lon-
6 ginquo morbo est implicitus. Tunc adeo fracti simul cum corpore sunt spiritus illi feroces ut qui nihil ante ratus esset minus regium quam sacris dedere animum, repente omnibus magnis paruisque superstitionibus obnoxius degeret
7 religionibusque etiam populum impleret. Volgo iam homines eum statum rerum qui sub Numa rege fuerat requirentes, unam opem aegris corporibus relictam si pax
8 ueniaque ab dis impetrata esset credebant. Ipsum regem tradunt uoluentem commentarios Numae, cum ibi quaedam occulta sollemnia sacrificia Ioui Elicio facta inuenisset, operatum his sacris se abdidisse; sed non rite initum aut curatum id sacrum esse, nec solum nullam ei oblatam caelestium speciem sed ira Iouis sollicitati praua religione fulmine ictum cum domo conflagrasse. Tullus magna gloria belli regnauit annos duos et triginta.
32 Mortuo Tullo res, ut institutum iam inde ab initio erat,

3 patrio $M^c\Delta$: patriae M 5 implicitus Δ: implicatus M
8 uoluentem] uoluetem MP: add. n $M^{cs1}P^{cs1}$ his M^cHOU: is MP: iis $Ed. Par.$ 1510   praua MO^cU: praui a M^cHOP^c: prauia a P conflagrasse $M^c\pi$: conflagrasset MH

AB VRBE CONDITA   I. 32. I

ad patres redierat hique interregem nominauerant. Quo comitia habente Ancum Marcium regem populus creauit; patres fuere auctores. Numae Pompili regis nepos filia ortus Ancus Marcius erat. Qui ut regnare coepit et auitae gloriae 2 memor et quia proximum regnum, cetera egregium, ab una parte haud satis prosperum fuerat aut neglectis religionibus aut praue cultis, longe antiquissimum ratus sacra publica ut ab Numa instituta erant facere, omnia ea ex commentariis regiis pontificem in album elata proponere in publico iubet. Inde et ciuibus otii cupidis et finitimis ciuitatibus facta spes in aui mores atque instituta regem abiturum. Igitur Latini 3 cum quibus Tullo regnante ictum foedus erat sustulerant animos, et cum incursionem in agrum Romanum fecissent repetentibus res Romanis superbe responsum reddunt, desidem Romanum regem inter sacella et aras acturum esse regnum rati. Medium erat in Anco ingenium, et Numae et 4 Romuli memor; et praeterquam quod aui regno magis necessariam fuisse pacem credebat cum in nouo tum feroci populo, etiam, quod illi contigisset otium sine iniuria, id se haud facile habiturum; temptari patientiam et temptatam contemni, temporaque esse Tullo regi aptiora quam Numae. Vt tamen, quoniam Numa in pace religiones instituisset, a se 5 bellicae caerimoniae proderentur, nec gererentur solum sed etiam indicerentur bella aliquo ritu, ius ab antiqua gente Aequiculis quod nunc fetiales habent descripsit, quo res repetuntur. Legatus ubi ad fines eorum uenit unde res 6 repetuntur, capite uelato filo—lanae uelamen est—'Audi, Iuppiter,' inquit; 'audite, fines'—cuiuscumque gentis sunt, nominat—; 'audiat fas. Ego sum publicus nuntius populi Romani; iuste pieque legatus uenio, uerbisque meis fides sit.' Peragit deinde postulata. Inde Iouem testem facit: 'Si 7

32 1 hique] hiique *HP*: hiiquae *M*: hicque *U*   2 cultis *Δ*: incultis *M*   longe *Gron.*: longeque **N**   regiis *M*, *Madvig*: regis *M^cΔ*   abiturum] habiturum *MHP*   4 quod illi *Δ*: quo illi *M*   5 Aequiculis *O*: equiculis *MP*: equicolis *HU*; *cf.* 10. 13. 1.   repetuntur *Δ*: petuntur *M*

1.32.7   TITI LIVI

ego iniuste impieque illos homines illasque res dedier mihi exposco, tum patriae compotem me nunquam siris esse.'
8 Haec, cum fines suprascandit, haec, quicumque ei primus uir obuius fuerit, haec portam ingrediens, haec forum ingressus, paucis uerbis carminis concipiendique iuris
9 iurandi mutatis, peragit. Si non deduntur quos exposcit diebus tribus et triginta—tot enim sollemnes sunt—peractis bellum ita indicit: 'Audi, Iuppiter, et tu, Iane Quirine, dique omnes caelestes, uosque terrestres uosque inferni,
10 audite; ego uos testor populum illum'—quicumque est, nominat—'iniustum esse neque ius persoluere; sed de istis rebus in patria maiores natu consulemus, quo pacto ius nostrum adipiscamur.' Tum is nuntius Romam ad con-
11 sulendum redit. Confestim rex his ferme uerbis patres consulebat: 'Quarum rerum litium causarum condixit pater patratus populi Romani Quiritium patri patrato Priscorum Latinorum hominibusque Priscis Latinis, quas res nec dederunt nec fecerunt nec soluerunt, quas res dari fieri solui oportuit, dic,' inquit ei quem primum sententiam rogabat,
12 'quid censes?' Tum ille: 'Puro pioque duello quaerendas censeo, itaque consentio consciscoque.' Inde ordine alii rogabantur; quandoque pars maior eorum qui aderant in eandem sententiam ibat, bellum erat consensum. Fieri solitum ut fetialis hastam ferratam aut sanguineam praeustam ad fines eorum ferret et non minus tribus puberibus
13 praesentibus diceret: 'Quod populi Priscorum Latinorum

7 dedier *MHUP*^c: dedeer *P*: om. *O*: add. pro dari *M*^{csl}, pr. *P*, p. f̄. *U*, p. r. *O*, populi Romani *H*   9 si non deduntur *M*^c*HOP*^c*U*: sino deducuntur *P*: sinodeduntur *M*   bellum *Δ*: uerbum *M*   Iane *I*. Perizonius, coll. 8. 9. 6: iuno **N**   10 Tum is *Hachtmann*: cum his *MHOP*^c*U*: cum is *M*^c*P*: tum *H. J. Müller*: cum legatis *Ogilvie, coll. D.H.* 2. 72. 9   11 rex his *Gruter*: rex ex his **N**   Priscis Latinis *O*: priscis uel latinis *MHPU*   nec fecerunt nec soluerunt *Gruter*: nec soluerunt nec fecerunt *MHP*^{cm}*U* (quas res nec . . . fecerunt om. *PO, rest. P*^{cm})   ei quem *M*^c: ei^t quem *M*: et quem *Δ*   12 consensum *MP, Gron.*: consensu *HOP*^c*U*: bellum erat consensu fieri solitum ut *dist. Edd.* uet.

42

hominesque Prisci Latini aduersus populum Romanum
Quiritium fecerunt deliquerunt, quod populus Romanus
Quiritium bellum cum Priscis Latinis iussit esse senatusque
populi Romani Quiritium censuit consensit consciuit ut
bellum cum Priscis Latinis fieret, ob eam rem ego populus-
que Romanus populis Priscorum Latinorum hominibusque
Priscis Latinis bellum indico facioque.' Id ubi dixisset, 14
hastam in fines eorum emittebat. Hoc tum modo ab Latinis
repetitae res ac bellum indictum, moremque eum posteri
acceperunt.

   Ancus demandata cura sacrorum flaminibus sacerdotibus- 33
que aliis, exercitu nouo conscripto profectus, Politorium,
urbem Latinorum, ui cepit; secutusque morem regum priorum, qui rem Romanam auxerant hostibus in ciuitatem
accipiendis, multitudinem omnem Romam traduxit. Et 2
cum circa Palatium, sedem ueterum Romanorum, Sabini Capitolium atque arcem, Caelium montem Albani
implessent, Auentinum nouae multitudini datum. Additi
eodem haud ita multo post, Tellenis Ficanaque captis,
noui ciues. Politorium inde rursus bello repetitum quod 3
uacuum occupauerant Prisci Latini, eaque causa diruendae
urbis eius fuit Romanis ne hostium semper receptaculum
esset. Postremo omni bello Latino Medulliam compulso, 4
aliquamdiu ibi Marte incerto, uaria uictoria pugnatum est;
nam et urbs tuta munitionibus praesidioque firmata ualido
erat, et castris in aperto positis aliquotiens exercitus Latinus
comminus cum Romanis signa contulerat. Ad ultimum 5
omnibus copiis conisus Ancus acie primum uincit; inde
ingenti praeda potens Romam redit, tum quoque multis
milibus Latinorum in ciuitatem acceptis, quibus, ut
iungeretur Palatio Auentinum, Admurciae datae sedes.

  13 hominesque *Sigonius*: homines *M*: hominesuae *P*: hominesue *O*^{c}*U*:
homines ue *H*   senatusque *Ed. Frob.* 1531: senatus·ue *M*: senatus ue
HP: senatusue *OU*
  33 2 haud ita *M*^{c}*HOPU*: aut ita *M*   5 Admurciae] ad murciae
HPU: at murcie *O*: ad murtiae *M*^{c}: ad murt••• *M*

6 Ianiculum quoque adiectum, non inopia loci sed ne quando ea arx hostium esset. Id non muro solum sed etiam ob commoditatem itineris ponte sublicio, tum primum in
7 Tiberi facto, coniungi urbi placuit. Quiritium quoque fossa, haud paruum munimentum a planioribus aditu
8 locis, Anci regis opus est. Ingenti incremento rebus auctis, cum in tanta multitudine hominum, discrimine recte an perperam facti confuso, facinora clandestina fierent, carcer ad terrorem increscentis audaciae media
9 urbe imminens foro aedificatur. Nec urbs tantum hoc rege creuit sed etiam ager finesque. Silua Maesia Veientibus adempta usque ad mare imperium prolatum et in ore Tiberis Ostia urbs condita, salinae circa factae; egregieque rebus bello gestis aedes Iouis Feretri amplificata.

34 Anco regnante Lucumo, uir impiger ac diuitiis potens, Romam commigrauit cupidine maxime ac spe magni honoris, cuius adipiscendi Tarquiniis—nam ibi quoque peregrina
2 stirpe oriundus erat—facultas non fuerat. Demarati Corinthii filius erat, qui ob seditiones domo profugus cum Tarquiniis forte consedisset, uxore ibi ducta duos filios genuit. Nomina his Lucumo atque Arruns fuerunt. Lucumo superfuit patri bonorum omnium heres: Arruns prior quam pater moritur
3 uxore grauida relicta. Nec diu manet superstes filio pater; qui cum, ignorans nurum uentrem ferre, immemor in testando nepotis decessisset, puero post aui mortem in nullam sortem bonorum nato ab inopia Egerio inditum
4 nomen. Lucumoni contra, omnium heredi bonorum, cum diuitiae iam animos facerent, auxit ducta in matrimonium Tanaquil, summo loco nata et quae haud facile iis in quibus

6 adiectum $M^c HPU$: adiecto MO arx $M^c HPU$: arax M: earcs O post solum add. muniri $J. S. Reid$, circumdari $Ruperti$ in Tiberi Δ: in tiberim M 7 haud] aut M 9 Maesia] mesia $MOPU$ aedes Iouis OU: aedis Iouis MHP^c: aedimouis P

34 2 Demarati] demarathi $MUPU$: de marchi O ibi Δ: ubi M Arruns Δ: Aruns M, add. r M^{cal} Arruns Δ: Aruns M, add. r M^{cal}
4 et quae . . . nata om. PH, rest. P^{cm} iis] his $MOP^{cm}U$

nata erat humiliora sineret ea quo innupsisset. Spernentibus 5
Etruscis Lucumonem exsule aduena ortum, ferre indignitatem non potuit, oblitaque ingenitae erga patriam caritatis dummodo uirum honoratum uideret, consilium migrandi ab Tarquiniis cepit. Roma est ad id aptissima uisa: in nouo 6 populo, ubi omnis repentina atque ex uirtute nobilitas sit, futurum locum forti ac strenuo uiro; regnasse Tatium Sabinum, arcessitum in regnum Numam a Curibus, et Ancum Sabina matre ortum nobilemque una imagine Numae esse. Facile persuadet ut cupido honorum et cui 7 Tarquinii materna tantum patria esset. Sublatis itaque rebus amigrant Romam. Ad Ianiculum forte uentum erat. 8 Ibi ei carpento sedenti cum uxore aquila suspensis demissa leniter alis pilleum aufert, superque carpentum cum magno clangore uolitans rursus uelut ministerio diuinitus missa capiti apte reponit; inde sublimis abiit. Accepisse id 9 augurium laeta dicitur Tanaquil, perita ut uolgo Etrusci caelestium prodigiorum mulier. Excelsa et alta sperare complexa uirum iubet: eam alitem ea regione caeli et eius dei nuntiam uenisse; circa summum culmen hominis auspicium fecisse; leuasse humana manu superpositum capiti decus ut diuinitus eidem redderet. Has spes cogitationesque 10 secum portantes urbem ingressi sunt, domicilioque ibi comparato L. Tarquinium Priscum edidere nomen. Romanis 11 conspicuum eum nouitas diuitiaeque faciebant; et ipse fortunam benigno adloquio, comitate inuitandi beneficiisque quos poterat sibi conciliando adiuuabat, donec in regiam quoque de eo fama perlata est. Notitiamque eam 12

4 ea quo innupsisset *Weissenborn*: ea cum innupsisset *Δ*: ae cum innupisset *M*: cum innubisset *M*c, haec *add. M*cal: ea quibus innupsisset *Drak.*   5 exule *Aldus*: exulem **N**   6 aptissima *Heumann*: potissimum **N**: apta potissimum *Freudenberg*   sit *MP*: fit *HO*c*U*: fuit *O*
7 honorum] bonorum *H*: horum *M, add.* no *M*cal   leniter *Ed. Rom.* 1469: leuiter **N**; *cf. Suet. Aug.* 94. 7   8 aufert *HOP*c*U*: auferret *P*: afert *M, add.* u *M*cal   abiit *HOPU*cm (inde sublimis abiit *om. U, rest.* *U*cm): habit *M, add.* i *M*cal   9 humana manu *Stroth*: humano *Δ*: humo *M*   11 fortunam *Δ*: fortuna *M*

breui apud regem liberaliter dextereque obeundo officia in familiaris amicitiae adduxerat iura, ut publicis pariter ac priuatis consiliis bello domique interesset et per omnia expertus postremo tutor etiam liberis regis testamento institueretur.

35 Regnauit Ancus annos quattuor et uiginti, cuilibet superiorum regum belli pacisque et artibus et gloria par. Iam filii prope puberem aetatem erant. Eo magis Tarquinius instare ut quam primum comitia regi creando fierent. 2 Quibus indictis sub tempus pueros uenatum ablegauit. Isque primus et petisse ambitiose regnum et orationem dicitur habuisse ad conciliandos plebis animos compositam: 3 se non rem nouam petere, quippe qui non primus, quod quisquam indignari mirariue posset, sed tertius Romae peregrinus regnum adfectet; et Tatium non ex peregrino solum sed etiam ex hoste regem factum, et Numam ignarum 4 urbis, non petentem, in regnum ultro accitum: se ex quo sui potens fuerit Romam cum coniuge ac fortunis omnibus commigrasse; maiorem partem aetatis eius qua ciuilibus officiis fungantur homines, Romae se quam in uetere patria 5 uixisse; domi militiaeque sub haud paenitendo magistro, ipso Anco rege, Romana se iura, Romanos ritus didicisse; obsequio et obseruantia in regem cum omnibus, benignitate 6 erga alios cum rege ipso certasse. Haec eum haud falsa memorantem ingenti consensu populus Romanus regnare iussit. Ergo uirum cetera egregium secuta, quam in petendo habuerat, etiam regnantem ambitio est; nec minus regni sui firmandi quam augendae rei publicae memor centum in patres legit qui deinde minorum gentium sunt appellati, factio haud dubia regis cuius beneficio in curiam uenerant.

7 Bellum primum cum Latinis gessit et oppidum ibi Apiolas ui cepit; praedaque inde maiore quam quanta belli fama

35 1 instare *M^cHOU*: instaret *MP*, *quod Frigell retinuit*, quo magis *pro eo magis scribendo*   3 se *Duker*: cum se N: tum se *Kreyssig*   4 qua *P^cU*: quam *MHOP*: cum *M^c*   7 Apiolas *Douiatius*: Appiolas *MHOPU^c*: Appi•olas *U*

fuerat reuecta ludos opulentius instructiusque quam priores reges fecit. Tum primum circo qui nunc maximus dicitur 8 designatus locus est. Loca diuisa patribus equitibusque ubi spectacula sibi quisque facerent; fori appellati; spectauere 9 furcis duodenos ab terra spectacula alta sustinentibus pedes. Ludicrum fuit equi pugilesque ex Etruria maxime acciti. Sollemnes deinde annui mansere ludi, Romani magnique uarie appellati. Ab eodem rege et circa forum priuatis 10 aedificanda diuisa sunt loca; porticus tabernaeque factae.

Muro quoque lapideo circumdare urbem parabat cum 36 Sabinum bellum coeptis interuenit. Adeoque ea subita res fuit ut prius Anienem transirent hostes quam obuiam ire ac prohibere exercitus Romanus posset. Itaque trepidatum 2 Romae est; et primo dubia uictoria, magna utrimque caede pugnatum est. Reductis deinde in castra hostium copiis datoque spatio Romanis ad comparandum de integro bellum, Tarquinius equitem maxime suis deesse uiribus ratus ad Ramnes, Titienses, Luceres, quas centurias Romulus scripserat, addere alias constituit suoque insignes relinquere nomine. Id quia inaugurato Romulus fecerat, 3 negare Attus Nauius, inclutus ea tempestate augur, neque mutari neque nouum constitui nisi aues addixissent posse. Ex eo ira regi mota; eludensque artem ut ferunt, 'Age- 4 dum,' inquit, 'diuine tu, inaugura fierine possit quod nunc ego mente concipio.' Cum ille augurio rem expertus profecto futuram dixisset, 'Atqui hoc animo agitaui' inquit 'te nouacula cotem discissurum. Cape haec et perage quod aues tuae fieri posse portendunt.' Tum illum haud cunctanter 5 discidisse cotem ferunt. Statua Atti capite uelato, quo in

8 tum *Δ*: tunc *M*; tunc primum *bis tantum apud Liuium legitur* (4. 54. 2, 5. 13. 6)   ubi *P^cOU*: urbis *M*: urbi *M^cHP*
36 1 Anienem] aniem *M*, *add.* ne *M^{cal}*: ani•nem *O*   2 Ramnes] Ramnis *MHPU*: Ramnenses *O*   4 mota, eludensque *MHOP^c*: mota ludensque *PU*   *post* artem *add.* iubentq̄ *M* (iubensque *M^c*), *fort. ex dittographia* eludensque/ludensque *ortum*   tu, inaugura *HP^cU*: tu inauguria *P*: inaugura *O*: tu inaugur *M*: tu augur *M^c*   augurio *Tan. Faber*: in augurio *N*

1. 36. 5 **TITI LIVI**

loco res acta est, in comitio in gradibus ipsis ad laeuam curiae fuit; cotem quoque eodem loco sitam fuisse memorant
6 ut esset ad posteros miraculi eius monumentum. Auguriis certe sacerdotioque augurum tantus honos accessit ut nihil belli domique postea nisi auspicato gereretur, concilia populi, exercitus uocati, summa rerum, ubi aues non ad-
7 misissent, dirimerentur. Neque tum Tarquinius de equitum centuriis quicquam mutauit; numero alterum tantum adiecit, ut mille et ducenti equites in tribus centuriis essent.
8 Posteriores modo sub iisdem nominibus qui additi erant appellati sunt; quas nunc quia geminatae sunt sex uocant centurias.
37 Hac parte copiarum aucta iterum cum Sabinis confligitur. Sed praeterquam quod uiribus creuerat Romanus exercitus, ex occulto etiam additur dolus, missis qui magnam uim lignorum, in Anienis ripa iacentem, ardentem in flumen conicerent; uentoque iuuante accensa ligna et pleraque ratibus impacta, sublicis cum haererent, pontem incen-
2 dunt. Ea quoque res in pugna terrorem attulit Sabinis, effusis eadem fugam impedit; multique mortales cum hostem effugissent in flumine ipso periere, quorum fluitantia arma ad urbem cognita in Tiberi prius paene quam nuntiari
3 posset insignem uictoriam fecere. Eo proelio praecipua equitum gloria fuit; utrimque ab cornibus positos, cum iam pelleretur media peditum suorum acies, ita incurrisse ab lateribus ferunt, ut non sisterent modo Sabinas legiones ferociter instantes cedentibus, sed subito in fugam auerter-
4 ent. Montes effuso cursu Sabini petebant, et pauci tenuere: maxima pars, ut ante dictum est, ab equitibus in flumen

6 uocati, summa **N**: uocati de summa *Gron.* 7 alterum tantum *Lipsius*: tantum alterum **N** et ducenti *Glareanus*: et DCCC *M*: et CCC *Δ*
37 1 Hac *M*c*HP*c*O*cal: ac *MPU*: at *O* ratibus *M*c *Gron.*: in ratibus *MΔ* sublicis cum *Ed. Rom.* 1470: sublici cum *M*: subliciis cum *Δ*: *fort.* in ratibus imposita, impacta sublicis cum haererent: pleraque in ratibus, impacta sublicis cum haererent *Edd.* 2 effusis **N**: et fusis *Iac. Gron.*; *cf.* 6. 24. 11, 27. 1. 12 hostem *Δ*: hostes *M* Tiberi *U*: Tiberis *P*: Tiberim *MHOP*c

acti sunt. Tarquinius, instandum perterritis ratus, praeda cap- 5
tiuisque Romam missis, spoliis hostium—id uotum Volcano
erat—ingenti cumulo accensis, pergit porro in agrum Sabinum exercitum inducere; et quamquam male gesta res erat 6
nec gesturos melius sperare poterant, tamen, quia consulendi
res non dabat spatium, ire obuiam Sabini tumultuario milite;
iterumque ibi fusi, perditis iam prope rebus pacem petiere.

Collatia et quidquid citra Collatiam agri erat Sabinis 38
ademptum; Egerius—fratris hic filius erat regis—Collatiae
in praesidio relictus. Deditosque Collatinos ita accipio
eamque deditionis formulam esse: rex interrogauit: 'Estisne 2
uos legati oratoresque missi a populo Collatino ut uos
populumque Collatinum dederetis?'—'Sumus.'—'Estne
populus Collatinus in sua potestate?'—'Est.'—'Deditisne uos
populumque Collatinum, urbem, agros, aquam, terminos,
delubra, utensilia, diuina humanaque omnia, in meam popu-
lique Romani dicionem?'—'Dedimus.'—'At ego recipio.'

Bello Sabino perfecto Tarquinius triumphans Romam 3
redit. Inde Priscis Latinis bellum fecit; ubi nusquam ad 4
uniuersae rei dimicationem uentum est, ad singula oppida
circumferendo arma omne nomen Latinum domuit. Corni-
culum, Ficulea uetus, Cameria, Crustumerium, Ameriola,
Medullia, Nomentum, haec de Priscis Latinis aut qui ad
Latinos defecerant capta oppida. Pax deinde est facta. 5
Maiore inde animo pacis opera incohata quam quanta mole
gesserat bella, ut non quietior populus domi esset quam
militiae fuisset. Nam et muro lapideo, cuius exordium 6
operis Sabino bello turbatum erat, urbem qua nondum
munierat cingere parat, et infima urbis loca circa forum
aliasque interiectas collibus conualles, quia ex planis locis
haud facile euehebant aquas, cloacis fastigio in Tiberim

6 gesta res erat] gestae res erant *M*: res gesta erat *O*
38 4 Ficulea *MU*: ficuleam *HOP*   Medullia *Aldus*: medulla **N**
6 qua *HOP*: quam *MUP*ᶜ   euehebant] eueebant *MP*, *add*. h *M*ᶜᵃˡ*P*ᶜᵃˡ
aquas, cloacis *Ed. Rom.* 1470: aquasecloacis *MP*: aquas e cloacis *M*ᶜ*O*ᶜ
*P*ᶜ*U*: a qua se cloacis *O*: aquas ecloacis *H*

1. 38. 6   TITI LIVI

7 ductis siccat, et aream ad aedem in Capitolio Iouis quam uouerat bello Sabino, iam praesagiente animo futuram olim amplitudinem loci, occupat fundamentis.

39   Eo tempore in regia prodigium uisu euentuque mirabile fuit. Puero dormienti, cui Seruio Tullio fuit nomen, caput
2 arsisse ferunt multorum in conspectu; plurimo igitur clamore inde ad tantae rei miraculum orto excitos reges, et cum quidam familiarium aquam ad restinguendum ferret, ab regina retentum, sedatoque eam tumultu moueri uetuisse puerum donec sua sponte experrectus esset; mox cum somno et
3 flammam abisse. Tum abducto in secretum uiro Tanaquil 'Videsne tu puerum hunc,' inquit, 'quem tam humili cultu educamus? Scire licet hunc lumen quondam rebus nostris dubiis futurum praesidiumque regiae adflictae; proinde materiam ingentis publice priuatimque decoris omni in-
4 dulgentia nostra nutriamus.' Inde puerum liberum loco coeptum haberi erudirique artibus quibus ingenia ad magnae fortunae cultum excitantur. Euenit facile quod dis cordi esset: iuuenis euasit uere indolis regiae nec, cum quaereretur gener Tarquinio, quisquam Romanae iuuentutis ulla arte conferri potuit, filiamque ei suam rex
5 despondit. Hic quacumque de causa tantus illi honos habitus credere prohibet serua natum eum paruumque ipsum seruisse. Eorum magis sententiae sum qui Corniculo capto Ser. Tulli, qui princeps in illa urbe fuerat, grauidam uiro occiso uxorem, cum inter reliquas captiuas cognita esset, ob unicam nobilitatem ab regina Romana prohibitam ferunt seruitio partum Romae edidisse in Prisci Tarquini domo;
6 inde tanto beneficio et inter mulieres familiaritatem auctam

    39 1 uisu *Aldus* : uisum **N**   fuit. Puero ... fuit nomen *M*: fuit hd́ nomen *H*, fuit nomen *PU*, fuit omen *O*, *qui omnes* puero ... fuit *omiserunt*
2 eam *Gron.*: iam *Mπ*: om. *H*   3 uidesne tu *O*: uidesne *PU*: uid .. ne *P*^{c} (es *eras.*): uidine tu *M*: uiden tu *M*^{c} *Gron.*: uidistine tu *H*
4 esset **N**: est *Gruter*   quaereretur] quaeretur *M*, *add.* re *M*^{cs1}: torqueretur *O*, *corr.* *O*^{c} 5 natum *M*^{c}*Δ*: naturam *M*   in Prisci *Gruter*: Prisci **N**   6 familiaritatem auctam *Rhenanus*: familiaritate aucta *MH*^{c}*O*: familiarite aucta *H*: familiaritatem acta *P*: familiaritate acta *P*^{c}*U*

AB VRBE CONDITA 1. 39. 6

et puerum, ut in domo a paruo eductum, in caritate atque honore fuisse; fortunam matris, quod capta patria in hostium manus uenerit, ut serua natus crederetur fecisse. Duodequadragesimo ferme anno ex quo regnare coeperat 40 Tarquinius, non apud regem modo sed apud patres plebemque longe maximo honore Ser. Tullius erat. Tum Anci filii 2 duo etsi antea semper pro indignissimo habuerant se patrio regno tutoris fraude pulsos, regnare Romae aduenam non modo uicinae sed ne Italicae quidem stirpis, tum impensius iis indignitas crescere si ne ab Tarquinio quidem ad se rediret regnum, sed praeceps inde porro ad seruitia caderet, 3 ut in eadem ciuitate post centesimum fere annum quam Romulus deo prognatus deus ipse tenuerit regnum donec in terris fuerit, id Seruius seruus serua natus possideat. Cum commune Romani nominis tum praecipue id domus suae dedecus fore, si Anci regis uirili stirpe salua non modo aduenis sed seruis etiam regnum Romae pateret. Ferro 4 igitur eam arcere contumeliam statuunt; sed et iniuriae dolor in Tarquinium ipsum magis quam in Seruium eos stimulabat, et quia grauior ultor caedis, si superesset, rex futurus erat quam priuatus; tum Seruio occiso, quemcumque alium generum delegisset, eundem regni heredem facturus uidebatur; ob haec ipsi regi insidiae parantur. Ex 5 pastoribus duo ferocissimi delecti ad facinus, quibus consueti erant uterque agrestibus ferramentis ⟨armati,⟩ in uestibulo regiae quam potuere tumultuosissime specie rixae in se omnes apparitores regios conuertunt; inde, cum ambo regem appellarent clamorque eorum penitus in regiam peruenisset, uocati ad regem pergunt. Primo uterque uoci- 6 ferari et certatim alter alteri obstrepere; coerciti ab lictore

6 serua U^c: seruo *MHPU*: in caritate . . . crederetur *om. O*
40 2 iis] is *MPU*: *add.* h M^{c1}: his *HO*   fere] ferre *HP*: *corr.* P^c
3 quam Romulus N: quod Romulus *Drak.*   Seruius seruus *Weissenborn*: seruius *MHOPU*^{c}: seruus *U*   aduenis] uenis *H*: aduenisset *P*, *corr.* P^c
Romae M^cHU: Romam *P*: Roma *M*: Romanum *O*   5 armati *add.* *G. W. Williams*: *fort.* instructi   tumultuosissime *MO*: tumultuosissimae *HPU*

51

et iussi in uicem dicere tandem obloqui desistunt; unus rem
7 ex composito orditur. Cum intentus in eum se rex totus
auerteret, alter elatam securim in caput deiecit, relictoque
in uolnere telo ambo se foras eiciunt.

41 Tarquinium moribundum cum qui circa erant excepissent,
illos fugientes lictores comprehendunt. Clamor inde
concursusque populi, mirantium quid rei esset. Tanaquil
inter tumultum claudi regiam iubet, arbitros eiecit. Simul
quae curando uolneri opus sunt, tamquam spes subesset,
sedulo comparat, simul si destituat spes, alia praesidia
2 molitur. Seruio propere accito cum paene exsanguem
uirum ostendisset, dextram tenens orat ne inultam mortem
3 soceri, ne socrum inimicis ludibrio esse sinat. 'Tuum est,'
inquit, 'Serui, si uir es, regnum, non eorum qui alienis
manibus pessimum facinus fecere. Erige te deosque duces
sequere qui clarum hoc fore caput diuino quondam circumfuso
igni portenderunt. Nunc te illa caelestis excitet
flamma; nunc expergiscere uere. Et nos peregrini regnauimus;
qui sis, non unde natus sis reputa. Si tua re subita
4 consilia torpent, at tu mea consilia sequere.' Cum clamor
impetusque multitudinis uix sustineri posset, ex superiore
parte aedium per fenestras in Nouam uiam uersas—
habitabat enim rex ad Iouis Statoris—populum Tanaquil
5 adloquitur. Iubet bono animo esse; sopitum fuisse regem
subito ictu; ferrum haud alte in corpus descendisse; iam ad
se redisse; inspectum uolnus absterso cruore; omnia salubria
esse; confidere propediem ipsum eos uisuros; interim
Ser. Tullio iubere populum dicto audientem esse; eum
6 iura redditurum obiturumque alia regis munia esse. Seruius
cum trabea et lictoribus prodit ac sede regia sedens
alia decernit, de aliis consulturum se regem esse simulat.

7 cum *Gron.*: dum N
41 1 mirantium *Ed. Ven.* 1470: mirantum *OU*: mirandum *MHP*: del.
Novdk   4 uersas *Ed. Frob.* 1535: uersus N   5 ictu *M$^c\Delta$*: ictum
M   absterso cruore *O*: abterso cruore *HPU*: abiter cruore *M, add.* n
M^{cal} (*i.e.* ab inter cruore)   Tullio *U*: Tullo *MHPO*

Itaque per aliquot dies cum iam exspirasset Tarquinius celata morte per speciem alienae fungendae uicis suas opes firmauit; tum demum palam factum est comploratione in regia orta. Seruius praesidio firmo munitus, primus iniussu populi, uoluntate patrum regnauit. Anci liberi iam tum 7 comprensis sceleris ministris ut uiuere regem et tantas esse opes Serui nuntiatum est, Suessam Pometiam exsulatum ierant.

Nec iam publicis magis consiliis Seruius quam priuatis 42 munire opes, et ne, qualis Anci liberum animus aduersus Tarquinium fuerat, talis aduersus se Tarquini liberum esset, duas filias iuuenibus regiis, Lucio atque Arrunti Tarquiniis iungit; nec rupit tamen fati necessitatem humanis consiliis 2 quin inuidia regni etiam inter domesticos infida omnia atque infesta faceret.

Peropportune ad praesentis quietem status bellum cum Veientibus—iam enim indutiae exierant—aliisque Etruscis sumptum. In eo bello et uirtus et fortuna enituit Tulli; 3 fusoque ingenti hostium exercitu haud dubius rex, seu patrum seu plebis animos periclitaretur, Romam rediit. Adgrediturque inde ad pacis longe maximum opus, ut 4 quemadmodum Numa diuini auctor iuris fuisset, ita Seruium conditorem omnis in ciuitate discriminis ordinumque quibus inter gradus dignitatis fortunaeque aliquid interlucet posteri fama ferrent. Censum enim instituit, rem 5 saluberrimam tanto futuro imperio, ex quo belli pacisque munia non uiritim, ut ante, sed pro habitu pecuniarum fierent; tum classes centuriasque et hunc ordinem ex censu discripsit, uel paci decorum uel bello.

6 factum est *Weissenborn*: factum et *Mπ*: factam et *H*: factum ex *Gruter*   7 comprensis *Aldus*: conpressis *P*ᶜ: compressis *U*: cum conpressis *P*: cum conprensis *MH*: cum comprehensis *O*   Suessam] Sessam *MHP*

42 2 quin *HO*ᶜ*P*ᶜᵐ: quicum *P*: Q. ui *O*: cui cum *U*: quicum in *M*
4 Seruium *M*ᶜ*Δ*: Seruius *M*   5 futuro *M*ᶜ*Δ*: fortuna *M*   munia] Romano *H*: numia *P*, *corr. P*ᶜ   5 discripsit *Madvig*: descripsit **N**

TITI LIVI

43 Ex iis qui centum milium aeris aut maiorem censum haberent octoginta confecit centurias, quadragenas senio- 2 rum ac iuniorum; prima classis omnes appellati; seniores ad urbis custodiam ut praesto essent, iuuenes ut foris bella gererent; arma his imperata galea, clipeum, ocreae, lorica, omnia ex aere; haec ut tegumenta corporis essent: tela 3 in hostem hastaque et gladius. Additae huic classi duae fabrum centuriae quae sine armis stipendia facerent; da- 4 tum munus ut machinas in bello ferrent. Secunda classis intra centum usque ad quinque et septuaginta milium censum instituta, et ex iis, senioribus iunioribusque, uiginti conscriptae centuriae; arma imperata scutum pro clipeo 5 et praeter loricam omnia eadem. In tertia classe quinquaginta milium censum esse uoluit; totidem centuriae et hae eodemque discrimine aetatium factae; nec de armis quic- 6 quam mutatum, ocreae tantum ademptae. In quarta classe census quinque et uiginti milium, totidem centuriae factae, arma mutata: nihil praeter hastam et uerutum datum. 7 Quinta classis aucta; centuriae triginta factae; fundas lapidesque missiles hi secum gerebant; in his accensi cornicines tubicinesque in tres centurias distributi; undecim 8 milibus haec classis censebatur. Hoc minor census reliquam multitudinem habuit; inde una centuria facta est, immunis militia. Ita pedestri exercitu ornato distributoque, equitum 9 ex primoribus ciuitatis duodecim scripsit centurias; sex item alias centurias, tribus ab Romulo institutis, sub iisdem quibus inauguratae erant nominibus fecit. Ad equos emendos dena milia aeris ex publico data, et, quibus equos alerent, uiduae attributae quae bina milia aeris in annos

43 1 iis *Aldus*: his N   prima *Ed. Rom.* 1469: primo N   3 ferrent N, *cf.* 27. 15. 6: pararent *Ruperti*   4 ex iis *MP*: ex *H* (*om.* iis): ex his *U*: his *O, add.* ex *O*^{csl} 5 In tertia classe *Rhenanus*: tertia classis in *MHOPU*: tertiae classis in *M^{c}O^c*: tertiae classis *Ed. Rom.* 1469   et hae *Gruter*: et haec N   6 uerutum *OU*: uerrutum *MHP*: uerrutu *M^c* datum *Δ*: datur *M*   7 aucta *M*: acta *HOU*: *om. P*   in his N: in *secl. I. Perizonius*   tres N: duas *Sigonius*, *cf. D.H.* 4. 17. 3   9 et, quibus N: et qui *Gron.*

AB VRBE CONDITA I. 43. 9

singulos penderent. Haec omnia in dites a pauperibus inclinata onera. Deinde est honos additus. Non enim, ut ab 10 Romulo traditum ceteri seruauerant reges, uiritim suffragium eadem ui eodemque iure promisce omnibus datum est; sed gradus facti, ut neque exclusus quisquam suffragio uideretur et uis omnis penes primores ciuitatis esset; equi- 11 tes enim uocabantur primi, octoginta inde primae classis centuriae peditum uocabantur; ibi si uariaret—quod raro incidebat—⟨fiebat⟩ ut secundae classis uocarentur, nec fere unquam infra ita descenderent ut ad infimos peruenirent. Nec mirari oportet hunc ordinem qui nunc est post expletas 12 quinque et triginta tribus, duplicato earum numero centuriis iuniorum seniorumque, ad institutam ab Ser. Tullio summam non conuenire. Quadrifariam enim urbe diuisa 13 regionibus collibusque qui habitabantur, partes eas tribus appellauit, ut ego arbitror, ab tributo; nam eius quoque aequaliter ex censu conferendi ab eodem inita ratio est; neque eae tribus ad centuriarum distributionem numerumque quicquam pertinuere.

Censu perfecto quem maturauerat metu legis de incensis **44** latae cum uinculorum minis mortisque, edixit ut omnes ciues Romani, equites peditesque, in suis quisque centuriis, in campo Martio prima luce adessent. Ibi instructum exer- 2 citum omnem suouetaurilibus lustrauit, idque conditum lustrum appellatum, quia is censendo finis factus est. Milia

10 eadem ui $M^c\varDelta$: eandem uim M et uis $\varDelta$: et uix M
11 peditum uocabantur *Sobius*: primum peditum uocabantur **N**: *secl. Sigonius*   ⟨fiebat⟩ ut *Ogilvie*: ⟨institutum⟩ ut *Novák*: ut **N**: *secl. Ed. Rom.* 1469   uocarentur **N**: *secl. Ed. Rom.* 1469   descenderent **N**: descenderunt *Ed. Rom.* 1469   12 est $\varDelta$: *om. M*   ad institutam *Ed. Rom.* 1469: se ad institutam MHO^cPU: sese ad institutam O
13 regionibus collibusque HO: regionibus·quae collibus M: regionibusque collibus M^cPU habitabantur $\varDelta$: abitabantur M ab tributo HOU^c: ad tributo U: pro A tributo M: A tributo M^c: . . . (*spatium iii litt.*) Abtributo P aequaliter] equa aliter H: aeque aliter P, *corr.* P^c
44 1 maturauerat] aurauerat M: matura erat P, *add.* u $P^{c\,1}$
2 suouetaurilibus *Rhenanus*: sue oue taurilibus M^cHOP^c: sucoue taurilibus P: sucubae taurilibus U is censendo *Gron.*: incensendo **N**

octoginta eo lustro ciuium censa dicuntur; adicit scriptorum antiquissimus Fabius Pictor, eorum qui arma ferre possent
3 eum numerum fuisse. Ad eam multitudinem urbs quoque amplificanda uisa est. Addit duos colles, Quirinalem Viminalemque; inde deinceps auget Esquilias; ibique ipse, ut loco dignitas fieret, habitat; aggere et fossis et muro circum-
4 dat urbem; ita pomerium profert. Pomerium uerbi uim solam intuentes postmoerium interpretantur esse; est autem magis circamoerium, locus quem in condendis urbibus quondam Etrusci qua murum ducturi erant certis circa terminis inaugurato consecrabant, ut neque interiore parte aedificia moenibus continuarentur, quae nunc uolgo etiam coniungunt, et extrinsecus puri aliquid ab humano cultu
5 pateret soli. Hoc spatium quod neque habitari neque arari fas erat, non magis quod post murum esset quam quod murus post id, pomerium Romani appellarunt; et in urbis incremento semper quantum moenia processura erant tantum termini hi consecrati proferebantur.
45 Aucta magnitudine urbis, formatis omnibus domi et ad belli et ad pacis usus, ne semper armis opes adquirerentur, consilio augere imperium conatus est, simul et ali-
2 quod addere urbi decus. Iam tum erat inclitum Dianae Ephesiae fanum; id communiter a ciuitatibus Asiae factum fama ferebat. Eum consensum deosque consociatos laudare mire Seruius inter proceres Latinorum, cum quibus publice priuatimque hospitia amicitiasque de industria iunxerat. Saepe iterando eadem perpulit tandem, ut Romae fanum
3 Dianae populi Latini cum populo Romano facerent. Ea erat confessio caput rerum Romam esse, de quo totiens armis certatum fuerat. Id quamquam omissum iam ex

3 Esquilias *N*: Esquiliis *Gron.*   ita pomerium profert *O*: iter pomerium profert *PU*: ita *H*: om. *M, spatio uiii litterarum relicto*   4 postmoerium *OP*ᶜ: postmerium *MHPU*
45 1 aucta *Ogilvie*: aucta ciuitate *Δ*: aut a ciuitate *M*: aucta ciuitate et *Ruperti*   decus *M*ᶜ*HOP*ᶜ*U*: decius *MP*   2 Iam tum *HOP*ᶜᵐ: tantum *M*: uel tamtum *P*: uel tantum *P*ᶜ*U*   Eum consensum *M*: cum consensum *Δ*

omnium cura Latinorum ob rem totiens infeliciter temptatam armis uidebatur, uni se ex Sabinis fors dare uisa est priuato consilio imperii reciperandi. Bos in Sabinis nata 4 cuidam patri familiae dicitur miranda magnitudine ac specie; fixa per multas aetates cornua in uestibulo templi Dianae monumentum ei fuere miraculo. Habita, ut erat, 5 res prodigii loco est, et cecinere uates cuius ciuitatis eam ciuis Dianae immolasset, ibi fore imperium; idque carmen 6 peruenerat ad antistitem fani Dianae Sabinusque ut prima apta dies sacrificio uisa est, bouem Romam actam deducit ad fanum Dianae et ante aram statuit. Ibi antistes Romanus, cum eum magnitudo uictimae celebrata fama mouisset, memor responsi Sabinum ita adloquitur: 'Quidnam tu, hospes, paras?' inquit; 'inceste sacrificium Dianae facere? Quin tu ante uiuo perfunderis flumine? Infima ualle praefluit Tiberis.' Religione tactus hospes, qui omnia, ut 7 prodigio responderet euentus, cuperet rite facta, extemplo descendit ad Tiberim; interea Romanus immolat Dianae bouem. Id mire gratum regi atque ciuitati fuit.

Seruius quamquam iam usu haud dubie regnum possede- 46 rat, tamen quia interdum iactari uoces a iuuene Tarquinio audiebat se iniussu populi regnare, conciliata prius uoluntate plebis agro capto ex hostibus uiritim diuiso, ausus est ferre ad populum uellent iuberentne se regnare; tantoque consensu quanto haud quisquam alius ante rex est declaratus. Neque ea res Tarquinio spem adfectandi regni minuit; immo 2

3 fors] fros *P*, *corr.* *P*^{c}: for *M*, *add.* s *M*$^{c\mathfrak{s}1}$ 5 ciuis *MP*: ciues *M*^{c}*HOU*   immolasset *Rhenanus*: immolassent *M*π: immolasset... fani Dianae *om.* *H*   6 uictimae celebrata] uictumae celebrata *M*^{c}: uictume celebrata *M*: uictumae caelebata *H*, *add.* r *H*$^{c\mathfrak{s}1}$: eccelebrata *P*: uictumae *add.* *P*^{cm} *necnon* celebrata *corr.* *P*^{c}: uictimae et celebrata *U*: uellet uictum me celebrata *O*: uellet *expunxit* *O*^{c} paras] pararas *M*   perfunderis] perfuderis *M*   praefluit π: praeluit *H*: prefuit *M*, *add.* l *M*$^{c\mathfrak{s}1}$

46 1 usu *M*$^c\Delta$: usum *M*   dubie *M*^{c}? dubiem *M*: dubiae *O*: dubium *HPU*   2 regni minuit *M*^{c}*OP*^{c}: regdiminuit *M*: regnandiminuit *P*: regnidi minuit *H*: regni diminuit *U*

1. 46. 2   TITI LIVI

eo impensius quia de agro plebis aduersa patrum uoluntate
senserat agi, criminandi Serui apud patres crescendique in
curia sibi occasionem datam ratus est, et ipse iuuenis arden-
tis animi et domi uxore Tullia inquietum animum stimu-
3 lante. Tulit enim et Romana regia sceleris tragici exemplum,
ut taedio regum maturior ueniret libertas ultimumque
4 regnum esset quod scelere partum foret. Hic L. Tarquinius
—Prisci Tarquini regis filius neposne fuerit parum liquet;
pluribus tamen auctoribus filium ediderim—fratrem habu-
5 erat Arruntem Tarquinium mitis ingenii iuuenem. His
duobus, ut ante dictum est, duae Tulliae regis filiae
nupserant, et ipsae longe dispares moribus. Forte ita
inciderat ne duo uiolenta ingenia matrimonio iungerentur, fortuna, credo, populi Romani, quo diuturnius Serui
6 regnum esset constituique ciuitatis mores possent. Ange-
batur ferox Tullia nihil materiae in uiro neque ad cupiditatem neque ad audaciam esse; tota in alterum auersa
Tarquinium eum mirari, eum uirum dicere ac regio
sanguine ortum: spernere sororem, quod uirum nacta
7 muliebri cessaret audacia. Contrahit celeriter similitudo
eos, ut fere fit: malum malo aptissimum; sed initium
turbandi omnia a femina ortum est. Ea secretis uiri alieni
adsuefacta sermonibus nullis uerborum contumeliis parcere
de uiro ad fratrem, de sorore ad uirum; et se rectius uiduam
et illum caelibem futurum fuisse contendere, quam cum im-
8 pari iungi ut elanguescendum aliena ignauia esset; si sibi
eum quo digna esset di dedissent uirum, domi se propediem
9 uisuram regnum fuisse quod apud patrem uideat. Celeriter adulescentem suae temeritatis implet; L. Tarquinius
et Tullia minor prope continuatis funeribus cum domos

    2 aduersa patrum uoluntate M^c, *Ed. Rom.* 1470: aduersam patrum
uoluntatem *MHOP*: aduersum patrum uoluntatem *U*   6 materiae
in $M^c\pi$: materiem in *M*: materiae *H*   auersa *Gebhard*: aduersa *MH*:
uersa π 7 fit: malum *dist. Madvig*   ignauia esset *MO*:
ignauia esse *HPU*   8 digna esset M^cHOP^cU: digna essent *MP*
9 L. Tarquinius *F. Orsini*: Arruns Tarquinius N: ita L. Tarquinius
Perizonius

uacuas nouo matrimonio fecissent, iunguntur nuptiis, magis non prohibente Seruio quam adprobante. Tum uero in dies infestior Tulli senectus, infestius coepit 47 regnum esse; iam enim ab scelere ad aliud spectare mulier scelus. Nec nocte nec interdiu uirum conquiescere pati, ne gratuita praeterita parricidia essent: non sibi defuisse cui 2 nupta diceretur, nec cum quo tacita seruiret; defuisse qui se regno dignum putaret, qui meminisset se esse Prisci Tarquini filium, qui habere quam sperare regnum mallet. 'Si tu is es cui nuptam esse me arbitror, et uirum et regem 3 appello; sin minus, eo nunc peius mutata res est quod istic cum ignauia est scelus. Quin accingeris? Non tibi ab 4 Corintho nec ab Tarquiniis, ut patri tuo, peregrina regna moliri necesse est: di te penates patriique et patris imago et domus regia et in domo regale solium et nomen Tarquinium creat uocatque regem. Aut si ad haec parum est animi, quid 5 frustraris ciuitatem? Quid te ut regium iuuenem conspici sinis? Facesse hinc Tarquinios aut Corinthum; deuoluere retro ad stirpem, fratri similior quam patri.' His aliisque 6 increpando iuuenem instigat, nec conquiescere ipsa potest si, cum Tanaquil, peregrina mulier, tantum moliri potuisset animo ut duo continua regna uiro ac deinceps genero dedisset, ipsa regio semine orta nullum momentum in dando adimendoque regno faceret. His muliebribus in- 7 stinctus furiis Tarquinius circumire et prensare minorum maxime gentium patres; admonere paterni beneficii ac pro eo gratiam repetere; allicere donis iuuenes; cum de se ingentia pollicendo tum regis criminibus omnibus locis crescere. Postremo ut iam agendae rei tempus uisum est, 8 stipatus agmine armatorum in forum inrupit. Inde omnibus

9 nuptiis Δ: nuptis M
47 2 cui nupta HP^{cm}: cui nubta M: cui innupta OPU   4 ab Corintho O: ad Corintho H: ab Chorinthiis M: ab Chorintho PU
5 conspici sinis MHOP^cU: conspicis in his M^cP   patri M^cΔ: patris M
6 His HOU: hiis MP: iis P^c   momentum Ed. Rom. 1469: monumentum MOPU: monimentum H

1.47.8 TITI LIVI

perculsis pauore, in regia sede pro curia sedens patres in curiam per praeconem ad regem Tarquinium citari iussit. 9 Conuenere extemplo, alii iam ante ad hoc praeparati, alii metu ne non uenisse fraudi esset, nouitate ac miraculo attoniti et iam de Seruio actum rati. Ibi Tarquinius maledicta ab stirpe ultima orsus: seruum seruaque natum post mortem indignam parentis sui, non interregno, ut antea, inito, non comitiis habitis, non per suffragium populi, non 11 auctoribus patribus, muliebri dono regnum occupasse. Ita natum, ita creatum regem, fautorem infimi generis hominum ex quo ipse sit, odio alienae honestatis ereptum 12 primoribus agrum sordidissimo cuique diuisisse; omnia onera quae communia quondam fuerint inclinasse in primores ciuitatis; instituisse censum ut insignis ad inuidiam locupletiorum fortuna esset et parata unde, ubi uellet, egentissimis largiretur.

48 Huic orationi Seruius cum interuenisset trepido nuntio excitatus, extemplo a uestibulo curiae magna uoce 'Quid hoc,' inquit, 'Tarquini, rei est? Qua tu audacia me uiuo 2 uocare ausus es patres aut in sede considere mea?' Cum ille ferociter ad haec—se patris sui tenere sedem; multo quam seruum potiorem filium regis regni heredem; satis illum diu per licentiam eludentem insultasse dominis—clamor ab utriusque fautoribus oritur et concursus populi fiebat in 3 curiam, apparebatque regnaturum qui uicisset. Tum Tarquinius necessitate iam ipsa cogente ultima audere, multo et aetate et uiribus ualidior, medium arripit Seruium elatumque e curia in inferiorem partem per gradus deiecit; 4 inde ad cogendum senatum in curiam rediit. Fit fuga regis apparitorum atque comitum; ipse prope exsanguis, cum

8 perculsis *M*c*Δ*: proculsis *M*   curiam] curia *M*c   9 nouitate N: alii nouitate *Doering*   et iam *HO*: etiam *MPU*   10 antea, inito *MO*: ante inito *PU*: ante ea ita *H*   12 unde, ubi *M*: ubi *Δ*
48 1 extemplo *Δ*: exemplo *M*   3 iam ipsa *H, Ed. Parm.* 1480: iam etiam ipsa *Mπ*: iam et ipsa *Weissenborn*   4 *post* exsanguis *add.* cum semianimes (*MP*: semianimis *HOP*c*U*) regio comitatu domum se reciperet peruenissetque ad summum cōs primum (*MHP*: cōns primum

60

semianimis regio comitatu domum se reciperet, ab iis qui missi ab Tarquinio fugientem consecuti erant interficitur. Creditur, quia non abhorret a cetero scelere, admonitu 5 Tulliae id factum. Carpento certe, id quod satis constat, in forum inuecta nec reuerita coetum uirorum euocauit uirum e curia regemque prima appellauit. A quo facessere 6 iussa ex tanto tumultu cum se domum reciperet peruenissetque ad summum Cyprium uicum, ubi Dianium nuper fuit, flectenti carpentum dextra in Vrbium cliuum ut in collem Esquiliarum eueheretur, restitit pauidus atque inhibuit frenos is qui iumenta agebat iacentemque dominae Seruium trucidatum ostendit. Foedum inhumanumque inde tradi- 7 tur scelus monumentoque locus est—Sceleratum uicum uocant—quo amens, agitantibus furiis sororis ac uiri, Tullia per patris corpus carpentum egisse fertur, partemque sanguinis ac caedis paternae cruento uehiculo, contaminata ipsa respersaque, tulisse ad penates suos uirique sui, quibus iratis malo regni principio similes propediem exitus sequerentur.

Ser. Tullius regnauit annos quattuor et quadraginta ita 8 ut bono etiam moderatoque succedenti regi difficilis aemulatio esset; ceterum id quoque ad gloriam accessit quod cum illo simul iusta ac legitima regna occiderunt. Id 9 ipsum tam mite ac tam moderatum imperium tamen quia unius esset deponere eum in animo habuisse quidam auctores sunt, ni scelus intestinum liberandae patriae consilia agitanti interuenisset.

Inde L. Tarquinius regnare occepit, cui Superbo cogno- 49 men facta indiderunt, quia socerum gener sepultura prohi-

U: cōsprimum *O*) uicum **N**: cum semianimis regio comitatu domum se reciperet *Edd. uet., ceteris seclusis, coll. De Viris Illustribus* 7. 18: cum . . . cōs primum *secl. Weissenborn, cf.* 1. 48. 6 *infra*   iis *Ed. Rom.* 1469: his **N**   6 Vrbium **N**; *cf. Solinus* 1. 25: Virbium *Sigonius*: Orbium *Gron., coll. D.H.* 4. 39. 5   Esquiliarum *Sigonius*: esquiliarium *M*ᶜ*Δ*: aesquiliarium *M*   7 tulisse *M*ᶜ: tulisset *MΔ*   8 quadraginta *Δ*: LX *M*   9 agitanti *Ed. Rom.* 1469: agitandi **N**
49 1 gener *Δ*: genere *M*

2 buit, Romulum quoque insepultum perisse dictitans, primoresque patrum, quos Serui rebus fauisse credebat, interfecit; conscius deinde male quaerendi regni ab se ipso aduersus se exemplum capi posse, armatis corpus circum-
3 saepsit; neque enim ad ius regni quicquam praeter uim habebat ut qui neque populi iussu neque auctoribus patri-
4 bus regnaret. Eo accedebat ut in caritate ciuium nihil spei reponenti metu regnum tutandum esset. Quem ut pluribus incuteret cognitiones capitalium rerum sine consiliis per se
5 solus exercebat, perque eam causam occidere, in exsilium agere, bonis multare poterat non suspectos modo aut inuisos
6 sed unde nihil aliud quam praedam sperare posset. Praecipue ita patrum numero imminuto statuit nullos in patres legere, quo contemptior paucitate ipsa ordo esset minusque per se
7 nihil agi indignarentur. Hic enim regum primus traditum a prioribus morem de omnibus senatum consulendi soluit; domesticis consiliis rem publicam administrauit; bellum, pacem, foedera, societates per se ipse, cum quibus uoluit,
8 iniussu populi ac senatus, fecit diremitque. Latinorum sibi maxime gentem conciliabat ut peregrinis quoque opibus tutior inter ciues esset, neque hospitia modo cum primoribus
9 eorum sed adfinitates quoque iungebat. Octauio Mamilio Tusculano—is longe princeps Latini nominis erat, si famae credimus, ab Vlixe deaque Circa oriundus—ei Mamilio filiam nuptum dat, perque eas nuptias multos sibi cognatos amicosque eius conciliat.

50 Iam magna Tarquini auctoritas inter Latinorum proceres erat, cum in diem certam ut ad lucum Ferentinae conuenient indicit: esse, quae agere de rebus communibus uelit.
2 Conueniunt frequentes prima luce: ipse Tarquinius diem quidem seruauit, sed paulo ante quam sol occideret uenit. Multa ibi toto die in concilio uariis iactata sermonibus erant.

5 bonis MΔ: o M^{cal} (sc. bonos)   7 traditum Grynaeus: ut traditur N   9 perque eas HOP^{cm} M^{c2}: perque meas M: per quem eas M^c: per quem et PU
50 2 toto die Δ: tota die M   concilio MU: concilia M^{c}HOP

Turnus Herdonius ab Aricia ferociter in absentem Tar- 3
quinium erat inuectus: haud mirum esse Superbo inditum
Romae cognomen—iam enim ita clam quidem mussitantes
uolgo tamen eum appellare—an quicquam superbius esse
quam ludificari sic omne nomen Latinum? principibus 4
longe ab domo excitis, ipsum, qui concilium indixerit, non
adesse. temptari profecto patientiam ut, si iugum acceperint,
obnoxios premat. cui enim non apparere, adfectare eum
imperium in Latinos? quod si sui bene crediderint ciues, 5
aut si creditum illud et non raptum parricidio sit, credere et
Latinos quamquam ne sic quidem alienigenae debere: sin 6
suos eius paeniteat, quippe qui alii super alios trucidentur
exsulatum eant bona amittant, quid spei melioris Latinis
portendi? si se audiant, domum suam quemque inde abituros
neque magis obseruaturos diem concilii quam ipse qui
indixerit obseruet. Haec atque alia eodem pertinentia 7
seditiosus facinorosusque homo hisque artibus opes domi
nactus cum maxime dissereret, interuenit Tarquinius. Is 8
finis orationi fuit; auersi omnes ad Tarquinium salutandum.
Qui silentio facto monitus a proximis ut purgaret se quod
id temporis uenisset, disceptatorem ait se sumptum inter
patrem et filium cura reconciliandi eos in gratiam moratum
esse, et quia ea res exemisset illum diem, postero die
acturum quae constituisset. Ne id quidem Turnum tulisse 9
tacitum ferunt; dixisse enim nullam breuiorem esse cognitionem
quam inter patrem et filium paucisque transigi
uerbis posse: ni pareat patri, habiturum infortunium esse.

3 mussitantes] musitantes *MHO, add.* s M^{cs1} appellare *Goodyear*:
appellabant N   4 Principibus longe ab *HOP*: principibus enim
longe ab *U*: longe a *M*: *post* domo *add.* principibus M^{cm} 5 debere
M: deberet π: deberent HP^{cm} 6 sin *H*: si in *M*π   qui indixerit
HOU: quindixerit *P, add.* i P^{cs1}: quidixerit *M*   7 hisque *OU*:
hiisque *M*: isque *HP*   domi nactus *M*: dominatus *Δ, add.* c O^{cs1}
8 monitus] munitus *MP, corr.* P^c uenisset *Δ*: funisset *M*: fuisset
M^c acturum] a *P, add.* cturum P^c: aucturum *M, corr.* M^c 9 Turnum *Sigonius*: ab Turno *MHOP*: ab Turo *U, add.* n U^{cs1} tulisse] tullisse *MP, corr.* P^c

51 Haec Aricinus in regem Romanum increpans ex concilio abiit. Quam rem Tarquinius aliquanto quam uidebatur aegrius ferens confestim Turno necem machinatur, ut eundem terrorem quo ciuium animos domi oppresserat Lati-
2 nis iniceret. Et quia pro imperio palam interfici non poterat, oblato falso crimine insontem oppressit. Per aduersae factionis quosdam Aricinos seruum Turni auro corrupit, ut in deuersorium eius uim magnam gladiorum inferri clam
3 sineret. Ea cum una nocte perfecta essent, Tarquinius paulo ante lucem accitis ad se principibus Latinorum quasi re noua perturbatus, moram suam hesternam uelut deorum quadam prouidentia inlatam ait saluti sibi atque illis fuisse.
4 Ab Turno dici sibi et primoribus populorum parari necem ut Latinorum solus imperium teneat. adgressurum fuisse hesterno die in concilio; dilatam rem esse, quod auctor
5 concilii afuerit quem maxime peteret. inde illam absentis insectationem esse natam quod morando spem destituerit. non dubitare, si uera deferantur, quin prima luce, ubi uentum in concilium sit, instructus cum coniuratorum manu
6 armatusque uenturus sit. dici gladiorum ingentem esse numerum ad eum conuectum. id uanum necne sit, extemplo sciri posse. rogare eos ut inde secum ad Turnum
7 ueniant. Suspectam fecit rem et ingenium Turni ferox et oratio hesterna et mora Tarquini, quod uidebatur ob eam differri caedes potuisse. Eunt inclinatis quidem ad credendum animis, tamen, nisi gladiis deprehensis, cetera uana
8 existimaturi. Vbi est eo uentum, Turnum ex somno excitatum circumsistunt custodes; comprehensisque seruis qui caritate domini uim parabant, cum gladii abditi ex omnibus locis deuerticuli protraherentur, enimuero manifesta res uisa iniectaeque Turno catenae; et confestim
9 Latinorum concilium magno cum tumultu aduocatur. Ibi

51 2 ut in *Aldus*: in *MH O^c PU*: I∗n *O*   sineret *Δ*: sinerent *M*
4 concilii afuerit *MP, add.* b *M^{cs1}*: concilii defuerit *U*: concilii affuerit *O*: concilia fuerit *H*   6 extemplo *Δ*: exemplo *M, add.* t *M^{cs1}*   secum] secundum *M, corr. M^c*   8 deuerticuli *MP*: diuerticuli *HOU*

tam atrox inuidia orta est gladiis in medio positis, ut indicta causa, nouo genere leti, deiectus ad caput aquae Ferentinae crate superne iniecta saxisque congestis mergeretur.

Reuocatis deinde ad concilium Latinis Tarquinius conlau- 52 datisque qui Turnum nouantem res pro manifesto parricidio merita poena adfecissent, ita uerba fecit: posse quidem se 2 uetusto iure agere, quod, cum omnes Latini ab Alba oriundi sint, eo foedere teneantur, quo sub Tullo res omnis Albana cum colonis suis in Romanum cesserit imperium; ceterum 3 se utilitatis magis omnium causa censere ut renouetur id foedus, secundaque potius fortuna populi Romani ut participes Latini fruantur quam urbium excidia uastationesque agrorum, quas Anco prius, patre deinde suo regnante perpessi sint, semper aut exspectent aut patiantur. Haud 4 difficulter persuasum Latinis, quamquam in eo foedere superior Romana res erat; ceterum et capita nominis Latini stare ac sentire cum rege uidebant, et Turnus sui cuique periculi, si aduersatus esset, recens erat documentum. Ita 5 renouatum foedus, indictumque iunioribus Latinorum ut ex foedere die certa ad lucum Ferentinae armati frequentes adessent. Qui ubi ad edictum Romani regis ex omnibus 6 populis conuenere, ne ducem suum neue secretum imperium propriaue signa haberent, miscuit manipulos ex Latinis Romanisque ut ex binis singulos faceret binosque ex singulis; ita geminatis manipulis centuriones imposuit.

Nec ut iniustus in pace rex, ita dux belli prauus fuit; quin 53 ea arte aequasset superiores reges ni degeneratum in aliis huic quoque decori offecisset. Is primus Volscis bellum in 2 ducentos amplius post suam aetatem annos mouit, Suessam-

9 leti *P*: loeti *M*ᶜ*HOP*ᶜ*U*: letis *M*   deiectus *Ed. Rom.* 1469: delectus *MHOP*: *add.* a *P*ᶜˢˡ (*sc.* delatus): deletus *M*ᶜ*U*   crate] grate *MP*: c *M*ᶜˢˡ *P*ᶜˢˡ

52 2 eo foedere *Perizonius, coll.* 24. 29. 11: in eo foedere **N**   quo sub *Drak.*: quod ab **N**   3 magis *Ussing*: id magis **N**: ita magis *Ogilvie* potius *M*ᶜ*HOP*ᶜᵐ: positius *M*: postius *P*: post ius *P*ᶜ*U*   4 Turnus sui *Δ*: *om. M*: Turnus *secl. Conway*

53 1 prauus *Δ*: paruus *M*   2 primus *Δ*: primis *M*

3 que Pometiam ex iis ui cepit. Vbi cum diuidenda praeda quadraginta talenta argenti refecisset, concepit animo eam amplitudinem Iouis templi quae digna deum hominumque rege, quae Romano imperio, quae ipsius etiam loci maiestate esset; captiuam pecuniam in aedificationem eius templi seposuit.

4 Excepit deinde eum lentius spe bellum, quo Gabios, propinquam urbem, nequiquam ui adortus, cum obsidendi quoque urbem spes pulso a moenibus adempta esset, postremo minime arte Romana, fraude ac dolo, adgressus 5 est. Nam cum uelut posito bello fundamentis templi iaciendis aliisque urbanis operibus intentum se esse simularet, Sextus filius eius, qui minimus ex tribus erat, transfugit ex composito Gabios, patris in se saeuitiam intolerabilem 6 conquerens: iam ab alienis in suos uertisse superbiam et liberorum quoque eum frequentiae taedere, ut quam in curia solitudinem fecerit domi quoque faciat, ne quam stir- 7 pem, ne quem heredem regni relinquat. se quidem inter tela et gladios patris elapsum nihil usquam sibi tutum nisi apud hostes L. Tarquini credidisse. nam ne errarent, manere iis bellum quod positum simuletur, et per occasionem 8 eum incautos inuasurum. quod si apud eos supplicibus locus non sit, pererraturum se omne Latium, Volscosque se inde et Aequos et Hernicos petiturum donec ad eos perueniat qui a patrum crudelibus atque impiis suppliciis tegere 9 liberos sciant. forsitan etiam ardoris aliquid ad bellum armaque se aduersus superbissimum regem ac ferocissimum 10 populum inuenturum. Cum si nihil morarentur incensus ira porro inde abiturus uideretur, benigne ab Gabinis excipitur.

2 iis *Madvig*: his N 3 diuidenda praeda *OPU*: diuidenta preda *M*: diuidē apraeda *H* refecisset P[cm], *Gron.*: refecisset coepisset *M*: reque cepisset *P*: recepisset HP[c2m]: recoepisset *U* 4 eum lentius Δ, *cf. Vell. Pat.* 2. 55. 2: lentius *M*, add. eum *M*[ca1] 5 iaciendis *Vascosanus*: faciendis *M*[c]Δ: *quid M habuerit parum liquet* 7 iis *P*: his *MHOU* 9 populum N: patrem *Tan. Faber* 10 incensus *Madvig*: infensus N; *cf.* 2. 12. 12 abiturus HOP[c]U: habituros *P*: habiturus *M*

Vetant mirari si, qualis in ciues, qualis in socios, talis ad ultimum in liberos esset; in se ipsum postremo saeuiturum, si 11
alia desint. sibi uero gratum aduentum eius esse, futurumque credere breui ut illo adiuuante a portis Gabinis sub
Romana moenia bellum transferatur.

Inde in consilia publica adhiberi. Vbi cum de aliis rebus 54
adsentiri se ueteribus Gabinis diceret quibus eae notiores
essent, ipse identidem belli auctor esse et in eo sibi praecipuam prudentiam adsumere quod utriusque populi uires
nosset sciretque inuisam profecto superbiam regiam ciuibus
esse quam ferre ne liberi quidem potuissent. Ita cum sensim 2
ad rebellandum primores Gabinorum incitaret, ipse cum
promptissimis iuuenum praedatum atque in expeditiones
iret et dictis factisque omnibus ad fallendum instructis uana
adcresceret fides, dux ad ultimum belli legitur. Ibi cum, 3
inscia multitudine quid ageretur, proelia parua inter
Romam Gabiosque fierent quibus plerumque Gabina res
superior esset, tum certatim summi infimique Gabinorum
Sex. Tarquinium dono deum sibi missum ducem credere.
Apud milites uero obeundo pericula ac labores pariter, 4
praedam munifice largiendo tanta caritate esse ut non pater
Tarquinius potentior Romae quam filius Gabiis esset.
Itaque postquam satis uirium conlectum ad omnes conatus 5
uidebat, tum ex suis unum sciscitatum Romam ad patrem
mittit quidnam se facere uellet, quando quidem ut omnia
unus Gabiis posset ei di dedissent. Huic nuntio, quia, credo, 6
dubiae fidei uidebatur, nihil uoce responsum est; rex uelut
deliberabundus in hortum aedium transit sequente nuntio
filii; ibi inambulans tacitus summa papauerum capita

54 1 consilia *Δ*: concilia *M*   adsentiri *H. J. Müller*: adsentire **N**
eae notiores *MP*: heae notiores *O*: hae notiores *U*: haeciores *H*   esse
et in *Alschefski*: esset in **N**   2 et dictis *Δ*: ut dictis *M*   3 inscia
HOP^cU: inspicia *P*: scia *M*   Gabiosque *HOP*: Gabinosque *M*: Gabiniosque *U*   5 Gabiis *Bekker*: p̄. gabiis *M:HP*^{cm}: p. gabinis *P*: P
gabinis *O*: populis Gabinis facere *U*: publice Gabiis *Heerwagen*   posset *OU*: posse *MHP*: possent *M*^c   6 sequente *M*^c*HO*: sequenti
MPU

7 dicitur baculo decussisse. Interrogando exspectandoque responsum nuntius fessus, ut re imperfecta, redit Gabios; quae dixerit ipse quaeque uiderit refert; seu ira seu odio seu 8 superbia insita ingenio nullam eum uocem emisisse. Sexto ubi quid uellet parens quidue praeciperet tacitis ambagibus patuit, primores ciuitatis criminando alios apud populum, alios sua ipsos inuidia opportunos interemit. Multi palam, quidam in quibus minus speciosa criminatio erat futura clam 9 interfecti. Patuit quibusdam uolentibus fuga, aut in exsilium acti sunt, absentiumque bona iuxta atque inter-10 emptorum diuisui fuere. Largitiones inde praedaeque; et dulcedine priuati commodi sensus malorum publicorum adimi, donec orba consilio auxilioque Gabina res regi Romano sine ulla dimicatione in manum traditur.

55 Gabiis receptis Tarquinius pacem cum Aequorum gente fecit, foedus cum Tuscis renouauit. Inde ad negotia urbana animum conuertit; quorum erat primum ut Iouis templum in monte Tarpeio monumentum regni sui nominisque relinqueret: Tarquinios reges ambos patrem uouisse, filium 2 perfecisse. Et ut libera a ceteris religionibus area esset tota Iouis templique eius quod inaedificaretur, exaugurare fana sacellaque statuit quae aliquot ibi, a Tatio rege primum in ipso discrimine aduersus Romulum pugnae uota, consecrata 3 inaugurataque postea fuerant. Inter principia condendi huius operis mouisse numen ad indicandam tanti imperii molem traditur deos; nam cum omnium sacellorum exaugurationes admitterent aues, in Termini fano non 4 addixere; idque omen auguriumque ita acceptum est non motam Termini sedem unumque eum deorum non euocatum sacratis sibi finibus firma stabiliaque cuncta

---

7 re imperfecta N: re infecta *Novdk*   seu ira M^cHPU: se iura MO
9 aut N: alii *Stroth*   diuisui fuere P^{cm}: diuisu fuere M: diuisa fuere M^cHOU: diuisi fuere P, sa P^{cs1}

55 1 uouisse M^c: uoluisse $M\Delta$ 2 statuit quae Δ: statuie M (*om.* quae): statuit M^c: *add.* quae M^{cm} 3 cum omnium M^cU: cum ex omnium HOP: ex omnium M

AB VRBE CONDITA 1.55.5

portendere. Hoc perpetuitatis auspicio accepto, secu- 5
tum aliud magnitudinem imperii portendens prodigium
est: caput humanum integra facie aperientibus fundamenta
templi dicitur apparuisse. Quae uisa species haud per 6
ambages arcem eam imperii caputque rerum fore porten-
debat; idque ita cecinere uates quique in urbe erant quos-
que ad eam rem consultandam ex Etruria acciuerant.
Augebatur ad impensas regis animus; itaque Pometinae 7
manubiae, quae perducendo ad culmen operi destinatae
erant, uix in fundamenta suppeditauere. Eo magis Fabio, 8
praeterquam quod antiquior est, crediderim quadraginta
ea sola talenta fuisse, quam Pisoni, qui quadraginta milia 9
pondo argenti seposita in eam rem scribit, summam pecuniae neque ex unius tum urbis praeda sperandam et nullius
ne horum quidem magnificentiam operum non exsuperatu-
ram. Intentus perficiendo templo, fabris undique ex Etruria 56
accitis, non pecunia solum ad id publica est usus sed operis
etiam ex plebe. Qui cum haud paruus et ipse militiae
adderetur labor, minus tamen plebs grauabatur se templa
deum exaedificare manibus suis quam postquam et ad alia,
ut specie minora, sic laboris aliquanto maioris traduce- 2
bantur opera, foros in circo faciendos cloacamque maximam,
receptaculum omnium purgamentorum urbis, sub terra
agendam; quibus duobus operibus uix noua haec magnificentia quicquam adaequare potuit. His laboribus exercita 3
plebe, quia et urbi multitudinem, ubi usus non esset, oneri
rebatur esse et colonis mittendis occupari latius imperii

5 portendens $M^c\varDelta$: protendens M 7 augebatur $M^c\varDelta$: auge-
bantur M Pometinae *Sabellicus*: pomptinae MOP^cU, *fort. recte*:
promptinae P: pontinae H 9 summam *Glareanus*: quia summam
$\varDelta$: quia summa M: quippe summam *Bekker*   10 magnificentiam
operum *Hayley*: magnificentia operum fundamenta M: magnificentiae
operum fundamenta $M^c\varDelta$
56 1 paruus $M^cP^{cm}HO$: patruus MP, i P^{csl} (*sc.* patrius): patrius U,
Heurgon; *cf. Cic. de Off.* 1. 150   grauabatur π: grauatur M: *om.* H
2 quam *Bekker*: quae N aliquanto M^cHO: aliquando MPU sub
terra π: sub terram MH

1.56.3 TITI LIVI

fines uolebat, Signiam Circeiosque colonos misit, praesidia urbi futura terra marique.

4 Haec agenti portentum terribile uisum: anguis ex columna lignea elapsus cum terrorem fugamque in regiam fecisset, ipsius regis non tam subito pauore perculit pectus quam 5 anxiis impleuit curis. Itaque cum ad publica prodigia Etrusci tantum uates adhiberentur, hoc uelut domestico exterritus uisu Delphos ad maxime inclitum in terris 6 oraculum mittere statuit. Neque responsa sortium ulli alii committere ausus, duos filios per ignotas ea tempestate 7 terras, ignotiora maria in Graeciam misit. Titus et Arruns profecti; comes iis additus L. Iunius Brutus, Tarquinia, sorore regis, natus, iuuenis longe alius ingenio quam cuius simulationem induerat. Is cum primores ciuitatis, in quibus fratrem suum, ab auunculo interfectum audisset, neque in animo suo quicquam regi timendum neque in fortuna concupiscendum relinquere statuit contemptuque tutus esse 8 ubi in iure parum praesidii esset. Ergo ex industria factus ad imitationem stultitiae, cum se suaque praedae esse regi sineret, Bruti quoque haud abnuit cognomen ut sub eius obtentu cognominis liberator ille populi Romani animus 9 latens opperiretur tempora sua. Is tum ab Tarquiniis ductus Delphos, ludibrium uerius quam comes, aureum baculum inclusum corneo cauato ad id baculo tulisse donum Apollini dicitur, per ambages effigiem ingenii sui.
10 Quo postquam uentum est, perfectis patris mandatis cupido incessit animos iuuenum sciscitandi ad quem eorum regnum Romanum esset uenturum. Ex infimo specu uocem redditam ferunt: imperium summum Romae habebit qui uestrum primus, o iuuenes, osculum matri tulerit.

4 regiam **N**: regia *Bauer*   imple-] *hinc deest* U, *usque ad* 2. 1. 10 -queatia: desunt duo folia U^{cm} *in fin. pag.*   5 tantum $M^c\Delta$: tandum M 7 in iure Δ: iniuria M 8 regi $M^c\Delta$: regis M opperiretur Δ: operiretur M 9 Is tum *Ed. Rom.* 1469: is cum **N**   donum $M^c\Delta$: domum M Apollini] appollini OP: apolini M
10 sciscitandi $M^c\Delta$: suscitandi M

AB VRBE CONDITA 1.56.11

Tarquinii, ut Sextus, qui Romae relictus fuerat, ignarus 11
responsi expersque imperii esset, rem summa ope taceri
iubent; ipsi inter se uter prior, cum Romam redisset, matri
osculum daret, sorti permittunt. Brutus alio ratus spectare 12
Pythicam uocem, uelut si prolapsus cecidisset, terram
osculo contigit, scilicet quod ea communis mater omnium
mortalium esset. Reditum inde Romam, ubi aduersus 13
Rutulos bellum summa ui parabatur.

Ardeam Rutuli habebant, gens, ut in ea regione atque in 57
ea aetate, diuitiis praepollens; eaque ipsa causa belli fuit,
quod rex Romanus cum ipse ditari, exhaustus magnificentia
publicorum operum, tum praeda delenire popularium
animos studebat, praeter aliam superbiam regno infestos 2
etiam quod se in fabrorum ministeriis ac seruili tam diu
habitos opere ab rege indignabantur. Temptata res est, si 3
primo impetu capi Ardea posset: ubi id parum processit,
obsidione munitionibusque coepti premi hostes. In his 4
statiuis, ut fit longo magis quam acri bello, satis liberi
commeatus erant, primoribus tamen magis quam militibus;
regii quidem iuuenes interdum otium conuiuiis comisatio- 5
nibusque inter se terebant. Forte potantibus his apud Sex. 6
Tarquinium, ubi et Collatinus cenabat Tarquinius, Egeri
filius, incidit de uxoribus mentio. Suam quisque laudare
miris modis; inde certamine accenso Collatinus negat uerbis 7
opus esse; paucis id quidem horis posse sciri quantum
ceteris praestet Lucretia sua. 'Quin, si uigor iuuentae inest,
conscendimus equos inuisimusque praesentes nostrarum

11 Tarquinii, ut Sextus *Ed. Rom.* 1469: Tarquinius Sextus N   ignarus
P: *add.* ut *P*$^{c\vphantom{1}1}$: ut ignarus *MHO*   redisset *MHOP^c*: reddisset *P*: redissent *M^c*   matri *M^{c}HO*: patri *MP*

57 2 infestos *M^{c}HO*: infestus *MP*   ministeriis *Δ*: ministerio *M*
4 quam acri . . . primoribus tamen *om. M*: quam acri . . . quam
militibus *add. M^c in initio pag.*: *hoc supplementum una cum prima linea a
M scripta* (magis quam militibus regii qui-) *erasit M^{c2}* (*multo recentioris
saeculi manus*) *et omnia rescripsit*   tamen magis quam *M^{c}M^{c2}OP*:
quam magis *H*: magis quam *M* (*uid. sup.*)   7 quin si *M^{c}Δ*: qui in
si *M*

ingenia? Id cuique spectatissimum sit quod necopinato uiri aduentu occurrerit oculis.' Incaluerant uino; 'Age sane' 8 omnes; citatis equis auolant Romam. Quo cum primis se intendentibus tenebris peruenissent, pergunt inde Collatiam, 9 ubi Lucretiam haudquaquam ut regias nurus, quas in conuiuio lusuque cum aequalibus uiderant tempus terentes, sed nocte sera deditam lanae inter lucubrantes ancillas in medio aedium sedentem inueniunt. Muliebris certaminis 10 laus penes Lucretiam fuit. Adueniens uir Tarquiniique excepti benigne; uictor maritus comiter inuitat regios iuuenes. Ibi Sex. Tarquinium mala libido Lucretiae per uim stuprandae capit; cum forma tum spectata castitas 11 incitat. Et tum quidem ab nocturno iuuenali ludo in castra redeunt.
58 Paucis interiectis diebus Sex. Tarquinius inscio Collatino 2 cum comite uno Collatiam uenit. Vbi exceptus benigne ab ignaris consilii cum post cenam in hospitale cubiculum deductus esset, amore ardens, postquam satis tuta circa sopitique omnes uidebantur, stricto gladio ad dormientem Lucretiam uenit sinistraque manu mulieris pectore oppresso 'Tace, Lucretia,' inquit; 'Sex. Tarquinius sum; fer-3 rum in manu est; moriere, si emiseris uocem.' Cum pauida ex somno mulier nullam opem, prope mortem imminentem uideret, tum Tarquinius fateri amorem, orare, miscere preci-4 bus minas, uersare in omnes partes muliebrem animum. Vbi obstinatam uidebat et ne mortis quidem metu inclinari, addit ad metum dedecus: cum mortua iugulatum seruum nudum positurum ait, ut in sordido adulterio necata dicatur. 5 Quo terrore cum uicisset obstinatam pudicitiam uelut uictrix libido, profectusque inde Tarquinius ferox expugnato decore muliebri esset, Lucretia maesta tanto malo

7 necopinato *Aldus*: necinopinato **N**, *cf.* 3. 26. 5   9 haudquaquam] haudquamquam *MP*, *corr.* M^cP^c   lusuque *Gron.*, *cf.* 40. 13. 3: luxuque **N**, *cf. De Viris Illustribus* 9. 2   certaminis *Δ*: certa nimis *M*
58 5 uelut uictrix **N**, *cf.* 3. 14. 2: *locus ab editoribus uarie emendatus*: uelut ui uictrix *M*. *Müller*: uelut ultrix *Markland*

nuntium Romam eundem ad patrem Ardeamque ad uirum mittit, ut cum singulis fidelibus amicis ueniant; ita facto maturatoque opus esse; rem atrocem incidisse. Sp. Lucretius 6 cum P. Valerio Volesi filio, Collatinus cum L. Iunio Bruto uenit, cum quo forte Romam rediens ab nuntio uxoris erat conuentus. Lucretiam sedentem maestam in cubiculo inueniunt. Aduentu suorum lacrimae obortae, quaerentique 7 uiro 'Satin salue?' 'Minime' inquit; 'quid enim salui est mulieri amissa pudicitia? Vestigia uiri alieni, Collatine, in lecto sunt tuo; ceterum corpus est tantum uiolatum, animus insons; mors testis erit. Sed date dexteras fidemque haud impune adultero fore. Sex. est Tarquinius qui hostis pro 8 hospite priore nocte ui armatus mihi sibique, si uos uiri estis, pestiferum hinc abstulit gaudium.' Dant ordine omnes 9 fidem; consolantur aegram animi auertendo noxam ab coacta in auctorem delicti: mentem peccare, non corpus, et unde consilium afuerit culpam abesse. 'Vos' inquit 10 'uideritis quid illi debeatur: ego me etsi peccato absoluo, supplicio non libero; nec ulla deinde impudica Lucretiae exemplo uiuet.' Cultrum, quem sub ueste abditum habebat, 11 eum in corde defigit, prolapsaque in uolnus moribunda cecidit. Conclamat uir paterque. 12

Brutus illis luctu occupatis, cultrum ex uolnere Lucretiae 59 extractum manante cruore prae se tenens, 'Per hunc' inquit 'castissimum ante regiam iniuriam sanguinem iuro, uosque, di, testes facio me L. Tarquinium Superbum cum scelerata coniuge et omni liberorum stirpe ferro igni quacumque dehinc ui possim exsecuturum, nec illos nec alium quemquam regnare Romae passurum.' Cultrum deinde 2 Collatino tradit, inde Lucretio ac Valerio, stupentibus mira-

6 Volesi HPO^c: uolesio O: uoleo M: uolecsi M^c 7 obortae OP: abortae MH Satin] s*atin P: sat in M 9 ordine] ordinem MP, *corr.* $M^c P^c$

59 1 manante $M^c HP$: maenante M: manantem O dehinc $MHO^c P$: die hinc O: denique Madvig   ui] uim P, *corr.* P^c: *om.* M 2 inde $M^c \Delta$: deinde M

1.59.2   TITI LIVI

culo rei, unde nouum in Bruti pectore ingenium. Vt praeceptum erat iurant; totique ab luctu uersi in iram, Brutum iam inde ad expugnandum regnum uocantem sequuntur ducem.
3 Elatum domo Lucretiae corpus in forum deferunt, concientque miraculo, ut fit, rei nouae atque indignitate homines. Pro se quisque scelus regium ac uim queruntur.
4 Mouet cum patris maestitia, tum Brutus castigator lacrimarum atque inertium querellarum auctorque quod uiros, quod Romanos deceret, arma capiendi aduersus hostilia
5 ausos. Ferocissimus quisque iuuenum cum armis uoluntarius adest; sequitur et cetera iuuentus. Inde praesidio relicto Collatiae ad portas custodibusque datis ne quis eum motum regibus nuntiaret, ceteri armati duce Bruto Romam
6 profecti. Vbi eo uentum est, quacumque incedit armata multitudo, pauorem ac tumultum facit; rursus ubi anteire primores ciuitatis uident, quidquid sit haud temere esse
7 rentur. Nec minorem motum animorum Romae tam atrox res facit quam Collatiae fecerat; ergo ex omnibus locis urbis in forum curritur. Quo simul uentum est, praeco ad tribunum celerum, in quo tum magistratu forte Brutus erat,
8 populum aduocauit. Ibi oratio habita nequaquam eius pectoris ingeniique quod simulatum ad eam diem fuerat, de ui ac libidine Sex. Tarquini, de stupro infando Lucretiae et miserabili caede, de orbitate Tricipitini cui morte filiae
9 causa mortis indignior ac miserabilior esset. Addita superbia ipsius regis miseriaeque et labores plebis in fossas cloacasque exhauriendas demersae; Romanos homines, uictores omnium circa populorum, opifices ac lapicidas pro bellatoribus factos. Indigna Ser. Tulli regis memorata caedes et in-

3 deferunt] defurunt *M, corr. M*^{c}: defertur *H*   4 patris *Ed. Rom.* 1469: patres **N**   5 praesidio *Ogilvie, coll. D.H.* 4. 71: pari praesidio *M*: pars praesidio *HO, Gron.* (*qui* relicti *etiam scripsit*): paris praesidio *P*, pari *corr. P*^{cm}: parte praesidio (. . . relicta) *Heerwagen*   ad portas *post* custodibusque *transposuit Heerwagen*   9 demersae *Δ*: dimersae *M* 10 caedes et *MHO P*^{cm}: caedis et *M*^{c}: caede sed *P*

uecta corpori patris nefando uehiculo filia, inuocatique ultores parentum di. His atrocioribusque, credo, aliis, quae 11 praesens rerum indignitas haudquaquam relatu scriptoribus facilia subiecit, memoratis incensam multitudinem perpulit ut imperium regi abrogaret exsulesque esse iuberet L. Tarquinium cum coniuge ac liberis. Ipse, iunioribus qui 12 ultro nomina dabant lectis armatisque, ad concitandum inde aduersus regem exercitum Ardeam in castra est profectus: imperium in urbe Lucretio, praefecto urbis iam ante ab rege instituto, relinquit. Inter hunc tumultum Tullia 13 domo profugit exsecrantibus quacumque incedebat inuocantibusque parentum furias uiris mulieribusque.

Harum rerum nuntiis in castra perlatis cum re noua tre- 60 pidus rex pergeret Romam ad comprimendos motus, flexit uiam Brutus—senserat enim aduentum—ne obuius fieret; eodemque fere tempore, diuersis itineribus, Brutus Ardeam, Tarquinius Romam uenerunt. Tarquinio clausae portae 2 exsiliumque indictum: liberatorem urbis laeta castra accepere, exactique inde liberi regis. Duo patrem secuti sunt qui exsulatum Caere in Etruscos ierunt. Sex. Tarquinius Gabios tamquam in suum regnum profectus ab ultoribus ueterum simultatium, quas sibi ipse caedibus rapinisque concierat, est interfectus.

L. Tarquinius Superbus regnauit annos quinque et 3 uiginti. Regnatum Romae ab condita urbe ad liberatam annos ducentos quadraginta quattuor. Duo consules inde comitiis centuriatis a praefecto urbis ex commentariis Ser. Tulli creati sunt, L. Iunius Brutus et L. Tarquinius Collatinus.

10 corpori *Ed. Rom.* 1470: corpore N   11 subiecit *P. G. Walsh*: subicit N
60 1 perlatis Δ: praelatis M   2 ierunt N: ierat *Goodyear*   concierat M: conciuerat H: concitauerat OP   3 annos quinque et xx M: annos quinque et xl HP: anno v et xl O
Subscriptio Victorianus ūō emendabam domnis gymmachis M: Titi Liui ab urbe COND LIB I explicit; incipit Liber II feliciter. Victorianus emendabam dominis symmachis P: *deest in HO*

Commentary

Praefatio

1 **facturusne ... sim**: indirect question governed by *scio*.
operae pretium: "something worthwhile."
res: "affairs, history." *res* has as large a range of meaning as English "thing." See on *in rebus* and *rerum gestarum* below.
si sciam ... ausim: contrary to fact condition. The present for the imperfect subjunctive is poetic and archaic (*AG* 517e). *ausim* is present subjunctive from *audeo* (an archaic form, but common in classical Latin).

2 **quippe qui ... uideam**: "since I see"; *quippe* signals that the relative clause is causal.
cum ... tum: "both ... and."
rem: i.e., the tendency of historians to boast.
in rebus: "in the facts"; contrasted to *scribendi arte*.
allaturos se aut ... superaturos: indirect statement introduced by *credunt. esse* is omitted, as often.

3 **Utcumque erit**: "however it will be."
rerum gestarum < *res gestae*, literally, "the things done," i.e.,"deeds, history."
memoriae: dative with *consuluisse*, "to have consulted the interests of."
principis: adjective with *populi*.
pro uirili parte: "for my part, to the best of my ability."
ipsum: sc. *me*; object of *iuuabit*.
scriptorum < *scriptor, -oris* m., "writer."
officient: "stand in the way of, obscure" + dative.

4 **immensi operis**: "(one) of immense labor"; genitive of description.
ut quae ... repetatur: "since it is traced back." *ut* signals that the relative clause is causal (*AG* 535e n.1).
profecta < *proficiscor*; agrees with *quae*.
eo ... ut: "to such a point ... that."
plerisque: "to most"; dative of indirect object.
haud dubito quin: "I do not doubt that" + subjunctive (*AG* 558; 558a).
proxima: "(events) very close to" + dative.
minus ... uoluptatis: "less pleasure"; *uoluptatis* is partitive genitive.

festinantibus: "hastening, as they hasten (in their reading)"; agrees with *plerisque*.
ad haec noua: "to these recent (events)."
iam pridem: "now for a long time"; qualifies *praeualentis*, "pre-eminent."
conficiunt: "have exhausted." With expressions of duration of time like *iam pridem* Latin uses a present tense where English uses the present perfect. See *AG* 466.

5   **contra**: "on the other hand."
ut me ... auertam: purpose clause in apposition with *praemium*.
malorum: "of the evils."
tantisper: "so long, for as long a time."
certe: "at least"; qualifies the word preceding.
omnis ... curae: "any care, every care"; genitive with *expers*, "free of."
flectere: sc. *posset*.

6   **Quae**: The antecedent is *ea* below.
ante conditam condendamue urbem: "before the city having been founded or about to be founded," i.e., "before the foundation of the city or prospects of its foundation." The participles contain the principal idea, and the noun is subordinate in sense (*AG* 497). The construction is often called the "*ab urbe condita* construction," from the title which has traditionally been given to Livy's history, "From the Foundation of the City."
decora: "becoming to, appropriate to" + dative.
monumentis: "records."
in animo est: "it is in (my) mind," i.e, "I intend."

7   **uenia**: "allowance, indulgence."
augustiora: "more dignified, more impressive"; predicative ("it makes the origins ... more impressive").
si cui: After *si, num, nisi, ne* the indefinite adjective *qui* is used instead of *aliqui*.
licere oportet, "it ought to be allowed" + dative.
ea belli gloria: "such military glory"; introduces a clause of result.
populo Romano: dative of possession.
suum conditorisque sui parentem: "its own parent and the parent of its founder"; in apposition with *Martem*.
potissimum: "in particular," i.e., "and no other."
ferat: here "claims."
tam ... aequo animo quam: "as calmly, with as much equanimity as"; *aequo animo* is ablative of manner.
hoc: object of *patiantur*.

8   **haec**: "these (early legends)."

Livy, *Book I* 79

his similia: "(tales) like these."
utcumque animaduersa ... erunt: "however they will be criticized."
haud in magno ... ponam discrimine: "I shall not regard as of great moment, I shall not attach much importance to."

9 **ad illa**: strongly contrasted with *haec* above.
mihi: "as far as I am concerned, in my judgment"; dative of the person judging (dative of reference; *AG* 378).
pro se: "for himself."
intendat animum: "pay attention"; jussive subjunctive.
quae uita, qui mores fuerint: the first of two of indirect questions in apposition with *illa* above. *mores,* "morals, character" < *mos, moris* m.
domi militiaeque: "at home and in the field"; locative.
partum < *pario*, "create, win."
labente ... disciplina: ablative absolute.
uelut dissidentes ... mores primo: "morals being askew/ out of tune at first"; accusative. *uelut,* "so to speak," qualifies *dissidentes*, which is slightly metaphorical.
sequatur: jussive subjunctive. The subject is *quisque* above.
ut: "how"; introduces an indirect question.
praecipites: "headlong, head over heels."
peruentum est: "one has arrived, we have arrived"; impersonal.

10 **Hoc illud est**: "this is the thing."
rerum: "history," as often.
te ... intueri: "for you to study"; accusative and infinitive in apposition with *hoc*.
documenta: "lessons."
inde: "from them (sc. *documenta*)."
quod imitere ... quod uites: relative clauses of purpose.

11 **Ceterum**: "for the rest, but."
ditior: comparative < *diues*, "rich."
nec in quam civitatem: "nor (was there) a state into which." The antecedent (*civitatem*) has been "attracted" into the case of the relative. See *AG* 307b.
serae: "late"; modifies both *auaritia* and *luxuria*; predicative.
immigrauerint ... fuerit: perfect subjunctive in relative clauses of characteristic (*AG* 535a)

12 **Adeo**: "in fact."
quanto rerum minus, tanto minus cupiditatis erat, "the less their property, the less was their greed." *quanto* and *tanto* are ablatives of degree of difference with *minus*. *rerum* and *cupiditatis* are partitive genitive.
abundantes uoluptates: nominative.

pereundi perdendique omnia: "of being ruined and of destroying everything." *Pereundi* and *perdendi* are objective genitives.
inuexere: third person plural perfect < *inueho*, "bring in, introduce."
ne tum quidem, "not even then"; correlative with *cum*, "when."
certe: See on *Praefatio* 5 *certe*.
tantae ordiendae rei: "of undertaking such a great task." *ordiendae* < *ordior*, "begin."

13 **potius**: "rather, instead."
si ... mos esset, ... inciperemus: present contrary to fact condition.
ut: "as."
poetis, nobis: both dative of possession.
ut ... darent: indirect command introduced by *uotis* and *precationibus* above; sc. *di deaeque* as subject.
orsis: "to (us), having begun," i.e., "since we have begun"; < *ordior*.
tantum operis: "so great a task." *operis* is partitive genitive.

BOOK I

1-2 AENEAS IN ITALY

1.1 **satis constat**: "it is well enough agreed"; introduces accusative and infinitive.
Troia capta: ablative absolute.
saeuitum esse: impersonal passive < *saeuio*, "rage." Since the construction is impersonal, the accusative subject is not expressed. Translate, "rage was vented."
duobus: "(but) in the case of two"; dative of reference.
Aeneae: dative < *Aeneas*. Aeneas was a Trojan, the son of Venus and Anchises. He escaped from Troy and made his way to Italy, where his descendants, Romulus and Remus, eventually founded Rome.
Antenori: dative < *Antenor*. Another Trojan, but there are several versions of his life after the fall of Troy. Livy follows the account according to which he went with the Eneti to Thrace and from there to Italy, where he founded Patavium (Padua).
uetusti iure hospitii: "because of the bond of former hospitality"; *iure* is ablative of cause. Antenor had entertained Menelaus and Odysseus when they came to Troy to demand the return of Helen.

reddendaeque Helenae: "and of returning Helen"; *reddendae* is a gerundive.
auctores: "advisors, advocates."
Achiuos: "Achaeans," i.e., Greeks; accusative subject of *abstinuisse* < *abstineo*, "forego, hold off."

2 **Antenorem**: subject of *uenisse* below. The construction is still governed by *constat* in 1.1.
Enetum = *Enetorum*. The Eneti were a tribe in Asia.
Paphlagonia: a country just south of the Black Sea.
rege Pylaemene ... amisso: ablative absolute; causal. Pylaemenes was king of the Eneti.
ad Troiam: "around Troy, in the neighborhood of Troy."
maris Hadriatici: the Adriatic Sea.
Euganeisque ... pulsis: ablative absolute. The Euganei were a tribe in northern Italy near the site of Patavium.

3 **in quem ... locum**: "the place into which"; *locum* has been "attracted" into the relative clause (*AG* 307b).
pagoque inde Troiano nomen est: "and from this the name for the district is Trojan." The name *(Troiano)* has been put in the dative, as often with *nomen est* (*AG* 373a).

4 **Aenean**: accusative subject. The construction is still governed by *constat* in 1.1.
domo: "from home"; the preposition is omitted with *domus*.
ad maiora rerum initia: *maiora* belongs grammatically with *initia*, logically with *rerum*. The figure is called "hypallage" or "transferred epithet."
ducentibus fatis: ablative absolute.
delatum: "having sailed"; < *defero*.
ad Laurentem agrum: the Laurentine region, south of the mouth of the Tiber.
tenuisse: sc. *cursum*, as often.

5 **Troia**: Here the name is in the nominative. Contrast *pagoque inde Troiano nomen est* 1.3.
Troiani: subject of the *cum* temporal clause below.
ut quibus ... superesset: causal; see on *Praefatio* 4.
superesset < *supersum*, "be left, survive."
prope: "almost"; here qualifies the preceding word.
Latinus: king of the Laurentines.
Aborigines: supposedly the original inhabitants of Italy.
ad arcendam uim: "to ward off the violent attack"; *ad* + the gerundive in a purpose construction.
aduenarum < *aduena*, "stranger."

6 **inde**: "from that point."

82 Livy, *Book I*

     Alii ... tradunt ... alii: "some ... hand down (the story that) ... others (that)."
     adfinitatem: "kinship by marriage," i.e., with Latinus' daughter Lavinia.

7   **instructae acies** < *instruo aciem*, "draw up a battle line."
     constitissent < *consto*, "take a stand."
     signa: "signals" for joining battle; object of *canerent*, "sounded."
     processisse Latinum: accusative and infinitive (indirect statement).
     percontatum < *percontor*, "ask, inquire."

8   **audierit:** perfect subjunctive; subjunctive in a subordinate clause in indirect statement.
     condendaeque urbi: "for founding a city"; dative of purpose.
     et: "both."

9   **foedus ictum** (*esse*): "a treaty was struck," i.e., sealed by striking dead a sacrificial animal; accusative and infinitive.
     fuisse in hospitio: "was entertained."
     penates deos: the gods of his household.

10 **utique:** "certainly, at any rate."
     finiendi erroris: objective genitive with *spem*.

11 **Breui:** "soon, in a short time"; *tempore* has been omitted.
     stirpis: "offspring"; nominative.

2.1 **petiti** (*sunt*): "were attacked."
     pacta < *pacisco*, "betroth, promise."
     praelatum < *praefero*, "prefer to" + dative.
     aegre patiens: "enduring with difficulty, taking it hard (that)" + accusative and infinitive.
     bellum intulerat < *bellum infero*, "wage war (on)" + dative.

3   **diffisi** < *diffido* (semi-deponent), "distrust, despair of" + dative.
     opes < [*ops*] (the nominative singular does not occur) means "wealth" in the plural.
     Caere opulento ... oppido: Caere (modern Cerveteri), a very ancient city of the Etruscans.
     nimio plus: "more by too much, much more"; *nimio* is ablative of degree of difference.
     rem: "state," as often.
     ratus < *reor*, "think."
     haud grauatim: "not at all unwillingly."

4   **aduersus:** "in the face of"; preposition + accusative.
     ut ... conciliaret: "in order to win over."
     nec ... solum sed etiam: "and not only, but also."

5   **erga:** "towards."
     cessere: perfect < *cedo*, "yield."
     Fretusque: "relying (on)" + dative.

coalescentium: modifies *duorum populorum*.
in dies: "daily."
fama: ablative of means.
tamen: "nevertheless"; a strong signal that the following *cum* is concessive.

6   **Secundum**: "favorable, successful."
Situs < *sino*, here as often "bury."
quemcumque ... fasque est: "whatever it is lawful and right for him to be called."
Numicum < *Numicus*, a small river near Lavinium.
Iouem indigetem: a title of the deified Aeneas. An *indiges* is a deified hero regarded as the patron deity of his country.

3 THE ALBAN KINGS

3.1   **maturus**: "of the proper age for" + dative.
puberem < *pubes*, "of manhood, adult"; adjective.
tantisper: "in the meantime."
tutela muliebri: "the regency of a woman" (Latin often uses an adjective where English expects a possessive noun). Ablative of time within which.
indoles: "character, natural ability."
auitum: "grandfather's"; adjective. See on *tutela muliebri* above.

2   **ambigam** < *ambigo*, "doubt, question."
hicine fuerit Ascanius: "whether it was this Ascanius"; indirect question.
maior: "older."
Creusa matre: ablative of source with *natus*. Creusa was Aeneas' first wife, who was lost in the sack of Troy.
Ilio incolumi: "when Troy was unharmed"; ablative absolute.
Iulum: Ascanius was also called Iulus. Exploiting the similarity of the names Iulus and Iulius, the Julian *gens* tried to enhance its prestige by tracing its heritage back to Ascanius and hence to Aeneas and Venus.

3   **Aenea**: ablative < *Aeneas*.
multitudine: here "population."
florentem ... atque opulentam urbem: object of *reliquit*.
ut tum res erant: "as things were then," i.e., considering the primitive state of the early settlement; qualifies *florentem*.
nouam ... aliam: sc. *urbem*.
sub: "at the foot of."
porrectae ... in dorso urbis: "of the city extending along the ridge." *porrectae* < *porrigo*, "stretch."

4   **inter Lauinium** (sc. *conditum*) **et Albam Longam coloniam deductam**: "between (the foundation of) Lavinium and the leading out of the colony Alba Longa"; the *ab urbe condita* construction (see on *Praefatio* 6).
ferme: "about, nearly"; here qualifies the preceding word.
Tantum: "so much."
creuerant < *cresco*, "grow, increase."
maxime: "especially."
fusis < *fundo*, "rout."
ne ... quidem: "not even."
ausi sint: perfect < the semi-deponent *audeo*, "dare"; the perfect subjunctive may be used in a result clause in secondary sequence to emphasize that the result actually occurred (*AG* 485c).

5   **ita ... ut**: "on these terms, that."
6   **casu quodam**: "by some chance."
7   **creat** < *creo*, "beget"; historical present.
aliquot: "some."
Mansit Siluiis ... omnibus cognomen: "the name remained Silvius for all"; for the case of *Siluiis* see on 1.3 *pagoque inde Troiano nomen est*.
Albae: locative.

8   **Latino Alba ortus** (*est*): "Alba (was) born of Latinus"; *ortus* < *orior*.
submersus: "having drowned"; i.e., "since he had drowned."
9   **Auentino**: dative.
per manus: "in succession."
10 **stirpis maximus**: "oldest child."
Plus ... potuit: "was more powerful."
11 **filiae Reae Siluiae**: "from the daughter, Rhea Silvia"; dative of separation.
per speciem: "on the pretext."
partus: "childbearing, offspring"; genitive.

4-7.3 THE STORY OF ROMULUS AND REMUS

4.1 **debebatur**: "was owed."
maximique secundum deorum opes imperii: "of the greatest power second to the might of the gods."
2   **Vi compressa** (< *comprimo*): i.e., "having been raped."
Comprimo is often used in the sense, "have sexual intercourse with" (*OLD*, *comprimo* 2).
geminum partum: "twin offspring."
rata < *reor*, "think."
incertae: "dubious," i.e., of uncertain parentage.

3	**uindicant**: "protect."
	uincta < *uincio*, "bind."
	iubet: The subject is Amulius.
4	**diuinitus**: "providentially, with divine aid."
	Tiberis: "the Tiber"; nominative.
	lenibus: "quiet, stagnant."
	usquam: "anywhere."
	iusti ... amnis: "of the stream proper."
	posse ... mergi ... infantes: "that the babies could be drowned"; accusative and infinitive introduced by *spem*.
	quamuis: "however"; qualifies *languida*.
5	**uelut defuncti**: "as if they had performed"; *defungor* takes the ablative.
	ficus Ruminalis: "the Ruminal fig-tree" on the Palatine hill; feminine. Rumina was a goddess of suckling.
	Romularem uocatam: sc. *esse*.
	ferunt: "they say," as often.
6	**Tenet fama**: introduces accusative and infinitive *lupam ... flexisse*.
	in sicco: "on dry ground."
	ad puerilem uagitum: "to the children's crying."
	eam: subject of *praebuisse*.
	submissas: "lowered, let down."
	adeo mitem: "so gently"; adjectives in agreement with the subject are often best translated as adverbs (*AG* 290).
7	**educandos datos** (*esse*): "they were given to be brought up"; here *educandos* alone expresses purpose.
	Sunt qui ... putent: "there are those who think, some think"; *qui ... putent* is a relative clause of characteristic.
	fabulae ac miraculo: "to the fable and marvel," i.e., "to the marvelous tale"; an example of *hendiadys*, in which a single idea is expressed through a pair of coordinate nouns; one noun is subordinated to the other in translating.
8	**uenando** < *uenor*, "hunt."
	peragrare: "they roamed"; < *peragro*, "roam"; historical infinitive.
9	**robore**: "hardiness, toughness."
	subsistere: "faced"; historical infinitive, like *facere, diuidere, celebrare* below.
	grege iuuenum: "crowd of youths," i.e, companions and followers.
5.1	**Palatio monte**: the Palatine hill.
	Lupercal: The Lupercal, celebrated on February 15, was a very ancient festival of purification whose origins and exact purpose were poorly understood even by the Romans themselves. The deity of the festival, Lupercus (the one who wards off wolves?), was sometimes

identified with Faunus, but often with Pan. Livy follows a version in which the festival was brought to Italy by the Arcadian, Evander.
ferunt: "they say"; introduces indirect discourse which extends through *agere* (5.4).
et a Pallanteo ... appellatum: i.e., the Palatine hill derives its name from Evander's city in Arcadia.

2   **Euandrum**: a legendary Arcadian king who came to Italy and founded an early settlement on the Palatine; accusative subject of *instituisse* below.
Arcadum: genitive < *Arcades*, "Arcadians."
multis ante tempestatibus: "earlier, by many seasons," i.e., "many seasons earlier"; *multis ... tempestatibus* is ablative of degree of difference.
sollemne: here "rite"; neuter singular.
ut nudi iuuenes ... currerent: In the Lupercal near-naked youths ran about striking those in their path with strips of goat skin from a recently sacrificed animal. The purpose seems to have been both to ward off evil and to induce fertility.
Lycaeum Pana: "Pan of Lycaeus." Lycaeus was a mountain in Arcadia where Pan was worshipped. *Pana* is a Greek accusative.
per lusum atque lasciuiam: "in play and wantonness," i.e., "in wanton play"; *hendiadys* (see on 4.7 *fabulae ac miraculo*).
Inuum: i.e., "the fertilizing god" who enters (sexually) and ensures the fruitfulness of the herds. His name is derived from *ineo*.

3   **deditis**: "(the youths) while they were engrossed in this (rite)"; dative with *insidiatos*, "having ambushed."
latrones: accusative subject of *cepisse* and *tradidisse* .
ultro: "without provocation." The bandits were the guilty ones.

4   **Crimini ... dabant**: "they gave it for a charge," i.e., "they charged" + accusative and infinitive. *crimini* is dative of purpose.
inde: "from there," i.e., from the fields.
collecta ... manu: ablative absolute.
hostilem in modum praedas agere: They charged that Romulus and Remus were driving off their flocks. Cattle raiding was recognized as an act of war.

5   **Faustulo**: dative of possession.
sustulisset < *tollo*, "take up, pick up."
per occasionem: "on a favorable opportunity."

6   **Numitori**: "in the case of Numitor."
ut haud procul esset quin: "so that he was not far from"; *quin* + subjunctive is used after negative expressions of doubting, delaying, hesitating, etc. (*AG* 558).

7   **regi**: "against the king"; dative of disadvantage.
aliis ... iussis ... pastoribus: ablative absolute.

Livy, *Book I* 87

6.1 **adortos** < *adorior*, "attack"; sc. *esse*.
pubem < *pubes*, "the young adult men" of military age.
in arcem ... obtinendam: "to hold the citadel"; gerundive purpose constructions introduced by *in* are unusual (*AG* 506).
praesidio armisque: i.e., "by the protection of arms"; see on 4.7 *fabulae ac miraculo*.
iuuenes: i.e., Romulus and Remus; accusative.
extemplo: "immediately."
ut: "how"; introduces indirect question.
2 **per mediam contionem**: "through the middle of the assembly."
regem: "as king"; in apposition with *auum*.
secuta < *sequor*; nominative with *uox*.
ratum ... efficit: "made valid," i.e., "ratified."
3 **Albana re**: "the Alban state"; cf. 9.1 *res Romana*.
supererat multitudo: i.e., "there was an excess population."
id: i.e., the fact that there was an excess population.
accesserant < *accedo*, here, "be added."
qui omnes ... facerent: relative clause of result.
spem: introduces accusative and infinitive; see on 4.4 *posse ... mergi ... infantes*.
paruam ... paruum: both predicative.
prae: "in comparison to" + ablative.
4 **Interuenit** < *interuenio*, "interrupt, interfere with" + dative. The subject is *auitum malum*.
quorum tutelae: "under whose protection"; *tutelae* is possessive genitive.
auguriis: "augury," the observation and interpretation of omens, usually the flight of birds.
legerent: "choose."
ad inaugurandum: "to take the omens from the flight of birds."
templa: "as sites for observation"; the original meaning of *templum*.
7.1 **Priori**: "first." The comparative is used because there are two observers.
illi: "the former," i.e., Remus' followers.
2 **trahebant**: "were claiming."
cum altercatione: "with an argument."
certamine: ablative of cause.
cecidit < *cado*, "fall (dead)."
Volgatior: "more common."
increpitans < *increpito*, "chide, blame."
3 **potitus** < *potior*, "take possession of, be master of" + ablative.

7.3 - 7.15 HERCULES AND CACUS

Sacra: "rites."
Graeco: sc. *ritu*.
Herculi < *Hercules*; dative.

4 **Herculem ... abegisse**: "that Hercules had driven off"; *abegisse* < *abigo*.
Geryone interempto: ablative absolute. The tenth labor of Hercules was the theft of cattle from the three-headed monster Geryon. He killed Geryon in Spain and drove the cattle back through Italy.
boues < *bos*, "cow."
prope: "near"; preposition + accusative.
qua: "where."
nando < *no*, "swim."
traiecerat < *traicio*, "cross."
reficeret < *reficio*, "restore."
uia: ablative of cause with *fessum*, "tired from (because of) the journey."
procubuisse < *procumbo*, here "lie down."

5 **accola**: "inhabitant, denizen"; in apposition with *pastor*.
boum: genitive plural < *bos*.
auertere: a technical term for driving off booty.
si ... compulisset ipsa uestigia ... deductura erant: "if he were to drive ... the footprints would lead"; the future condition has been thrown into past time (*AG* 516).
agendo: "by driving" ahead of him.
eo: "to that place."
auersos < *auerto*, here, "turned backwards."
eximium quemque pulchritudine: "all the most outstanding in beauty, all the most beautiful"; *pulchritudine* is ablative of respect. The distributive *quisque* is used idiomatically with the superlative and sometimes with the positive degree of the adjective, as here, in the sense "all the most..."; see *AG* 313b and *OLD*, *quisque* 4d.

6 **ferrent**: here, "led"; cf. *ferre* in the next sentence.
Quae ubi ... uidit: "and when he saw that these (footprints)". *quae* is a connecting relative, best translated as a demonstrative + "and" (*AG* 308f).
foras: "to the outside," i.e., away from the cave.
animi: "in his mind"; genitive of specification (*AG* 349d).

7 **actae boues**: i.e., the cows Hercules was driving away. Cacus had stolen bulls.
ad desiderium: "in longing for" + objective genitive.
ut fit: "as (usually) happens"; a common expression.
conuertit: "caused to turn back."

Livy, *Book I*

    Quem: connecting relative; see on 7.6 *quae ubi ... vidit*.. The antecedent is Hercules.
    fidem: here "protection."

8   **ea**: with *loca* below.
    miraculo: ablative of cause; explains *uenerabilis*. Evander was supposed to have invented the Roman alphabet.
    rudes: "ignorant of" + genitive.
    Carmentae: Carmenta (cf. *carmen*, "song, charm") was an Italian nymph with prophetic powers.
    Sibyllae: There were several Sibyls (divinely inspired prophetesses), but the most famous was the Cumaean Sibyl who conducted Aeneas to the Underworld.

9   **trepidantium** < *trepido*, "rush about in a state of confusion."
    reum: "defendant"; in apposition with *aduenam*.
    habitum: "appearance."
    aliquantum: "somewhat"; qualifies *ampliorem augustioremque*. We might exspect ablative of degree of difference.
    humana: sc. *forma*; ablative of comparison with *augustiorem*. Like other divinities, Hercules was larger than a mortal man.

10 **Ioue nate**: "son of Jupiter"; *Ioue* is ablative of source.
    te ... aucturum (*esse*): accusative and infinitive.
    deum: genitive plural < *deus*.
    aram: i.e., the *ara maxima* to Hercules, which stood on the bank of the Tiber near the Circus Maximus.
    dicatum iri: future passive infinitive < *dico, -are*, "dedicate."
    tuoque ritu: Special features of the worship of Hercules included sacrificing with the head uncovered, excluding women, and consuming the offering seated.

11 **ara condita ac dicata**: ablative absolute.

12 **sacrum**: subject of *factum* (*est*).
    quae ... familiae: "families, which"; *familiae* has been attracted into the relative clause; see on 1.3 *in quem ... locum*.
    maxime: modifies *inclitae*, "most renowned."

13 **euenit ut**: "it happened that" + subjunctive.
    exta: the heart, liver, and lungs, regarded as the most desirable portion of the sacrifice.
    adesis < *adedo*, "eat, consume."
    institutum: "custom."
    donec: "as long as, while."
    sollemnium < *sollemnis*, "annual, customary"; here, as often, used as a substantive, "religious festival, solemn rite."
    uescerentur < *uescor*, "eat, consume" + ablative.

14 **antistites** < *antistes*, "priest."

90 Livy, *Book I*

tradito ... sollemni ... ministerio: ablative absolute; *sollemni* here is the adjective, "customary, traditional."

15   **una**: "alone."
peregrina: "foreign."
iam tum: "even then." Romulus, like Hercules, would be deified one day; his early support of Hercules seems to anticipate his own deification.
fautor: "supporter, patron."

8 THE ORGANIZATION OF ROMULUS' NEW CITY

8.1   **rite**: "duly."
2   **ita**: here, "on this condition."
ratus < *reor*, "think."
cum ... tum: "both ... and."
lictoribus duodecim: The kings had a bodyguard of twelve lictors, who carried the rods and axes of supreme power (the *fasces*).
3   **eum secutum** (*esse*): accusative and infinitive.
me haud paenitet: "it does not displease me, I am content."
sententiae esse: "to be of the opinion."
quibus ... placet: "to whom it is pleasing, who are of the opinion"; introduces accusative and infinitive.
apparitores: "attendants."
et hoc genus: "and this sort (of thing)"; a colloquial usage.
unde: "(from) where"; a relative adverb.
sella curulis: "curule chair," a chair inlaid with ivory that the Romans adopted from the Etruscans and designated for the use of their highest magistrates (consuls, praetors, and curule aediles).
toga praetexta: a toga bordered with purple, which was worn by the higher magistrates.
<et>: The bent brackets indicate that the editor has added the word to the text.
numerum: i.e., of twelve lictors.
ductum (*esse*): The subjects are *apparitores, hoc genus*, and *numerum*. When there are multiple subjects the verb often agrees with the closest in number and gender.
ex duodecim populis: There were twelve tribes of the Etruscans.
singulos singuli: i.e., each tribe contributed one lictor for the body-guard of their common king. *singuli* is a distributive numeral (*AG* 136-137).
4   **munitionibus**: "fortifications, walls."
cum . . . munirent: concessive.
magis: qualifies *munirent*.
id quod tum ... erat: "that (number) of men which then existed." In translating it is best to take *hominum* with *id*.

5   **adiciendae multitudinis causa**: "for the sake of increasing the population."
condentium urbes: "of (those) founding cities."
conciendo: gerund < *concieo*, "assemble, collect." Here, as often in Late Latin, the ablative gerund is nearly equivalent to a present participle (*AG* 507).
natam (*esse*) ... **prolem**: accusative and infinitive with *ementiebantur*. Livy is referring to the stories of autochthonous peoples like the Thebans, supposedly sprung from the earth itself.
descendentibus <ad laeuam>: "on the left for (those) descending, as you descend" the Capitoline Hill; dative of the person judging, often used as here in giving directions (*AG* 378e).
asylum: "as an asylum"; in apposition with *locum*.
6   **Eo**: "to that place, thither."
liber an seruus esset: indirect question.
idque primum ... roboris fuit: "and this was the first manpower (or military might)"; *roboris* is partitive genitive.
7   **uirium haud paeniteret**: *paenitet*, "cause regret," is impersonal. The person feeling the emotion is in the accusative (here omitted) and the cause of the emotion is in the genitive (*AG* 354b). Translate, "he was not dissatisfied with the strength."
Patres ... patriciique: both predicative.

9 THE RAPE OF THE SABINES

9.1   **cuilibet** < *quilibet*, "any one at all."
par esset: "it was equal."
penuria: ablative of cause.
duratura erat: "was likely to last"; the active periphrastic, like the future participle in general, suggests both likelihood and futurity (*AG* 498).
magnitudo: here "greatness."
2   **ex**: here, "in accordance with."
qui ... peterent: relative clause of purpose.
3   **urbes ... nasci**: accusative and infinitive, reporting the words of the Roman embassy. The indirect statement continues through 9.4.
quas: As often, the antecedent must be supplied (i.e., *urbes* or *eas*).
4   **non defuturam**: "unfailing, not likely to fail"; < *desum*.
proinde: "accordingly."
grauarentur: "be reluctant"; < *grauor, -ari*.
5   **in medio**: "in (their) midst."
plerisque rogantibus: ablative absolute; introduces indirect question.
dimissi: sc. *sunt*.

	ecquod ... asylum: "if any asylum"; *ecqui* is an interrogative adjective.
	fore = *futurum esse*.
6	**Aegre ... passa** (*est*): See on 2.1 *aegre patiens*.
	pubes: See on 6.1 *pubem*.
	Cui: a connecting relative; see on 7.6 *quae ubi ... vidit*.
	ex industria: "diligently."
	Neptuno equestri: i.e., to Neptune as creator of the horse.
	Consualia: an ancient festival to Consus, god of the granary (cf. *condo*, "store"), who was subsequently identified with Neptune. In historical times the festival (celebrated August 21 and December 15) featured horse races.
7	**Indici**: passive infinitive < *indico*, "proclaim."
	quanto apparatu *(tanto)*: "with as much magnificence as."
8	**quique proximi**: "all the nearest (neighbors)." For distributive *quisque*, see on 7.5.
	Caeninenses, Crustumini, Antemnates: the people of Caenina, Crustumerium, and Antemnae, ancient towns absorbed by Rome. Only Antemnae survived into classical times.
9	**Sabinorum**: The Sabines were an ancient Italian people whose territory adjoined that of the Latins.
	frequentem tectis urbem: "city full of houses."
	breui: sc. *tempore*.
10	**eo**: "to it"; an adverb; here = *ad id* or *in id* (*AG* 321).
	ex composito: "in accordance with their agreement, as agreed."
	ad rapiendas uirgines: "to snatch up the girls"; *ad* and the gerundive in a purpose construction.
11	**in quem**: sc. *ab eo* as antecedent.
	inciderat < *incido*, "fall in with by chance, meet."
	raptae *(sunt)*: The subject, *magna pars*, is felt to be plural in sense.
	ex plebe homines: i.e., plebeians.
	domos: "to the houses (of the foremost senators)."
12	**globo**: "band, troop."
	Thalassi: an aetiological fiction to explain the origin of the ancient marriage cry, *Talassio*.
	ferunt: "they say."
	cuinam: "to whom"; interrogative.
	Thalassio (*eam*) **ferri**: governed by *clamitatum* (*esse*), "they kept on shouting." *clamitatum* is impersonal.
	uocem: here, "cry."
13	**deumque**: i.e., Neptune.
	cuius ... uenissent: causal.

per fas ac fidem: "contrary to right and good faith"; an old legal formula. See Ogilvie *ad loc.*

14 **raptis**: dative of possession.
patrum: i.e., of the Sabine maidens.
superbia: ablative of cause.
illas ... in matrimonio, in societate ... fore: accusative and infinitive. The Sabine women will be legally married (i.e., not slaves or concubines), and their children will be citizens. *societate* governs *fortunarum, ciuitatis*, and *liberum* (=*liberorum*).
quo: "than which," i.e., the possession of children; ablative of comparison.

15 **mollirent ... darent**: indirect commands.
gratiam: "esteem, affection."
eoque: "and for this reason."
usuras (*esse*) < *utor*, "enjoy" + ablative.
adnisurus ... sit < *adnitor*, "strive."
pro se: "to the best of his ability."
suam uicem: "on his part"; adverbial accusative (*AG* 397a).
functus ... sit < *fungor*, "perform" + ablative.

16 **accedebant**: See on *accesserant* at 6.3.
purgantium < *purgo*, here "excuse, justify." The present participle suggests attempted action, "trying to excuse" (*AG* 490).

10.1 **admodum**: "very, very much."
sordida ueste: The filthy garments are a sign of mourning.
domi: locative.
T. Tatium: Titus Tatius was a legendary king of the Sabine town of Cures.
eo = *ad eum;* see on *eo* at 9.10.

2 **lente agere**: "to be acting (too) slowly."
his: i.e., to the people of Caenina, Crustumerium, and Antemnae.

3 **Ne ... quidem**: "not even."
ipsum: with *se*.
nomen Caeninum: "the nation of Caenina." See *OLD nomen* 19.

4 **effuse**: "far and wide."
uastantibus < *uasto*, "lay waste, devastate"; dative with *obuius fit*, "met, opposed."
fundit fugatque: "routed and put to flight."
fusum < *fundo*.

5 **uictore** < *uictor*, here "victorious."
ipse: i.e., Romulus.
spolia: "spoils," the armor of the slain commander.
fabricato ad id apte ferculo: "on a frame made suitably for this (purpose)."
ea: the *spolia*.

	quercum < *quercus*, "oak"; feminine.
6	**Iuppiter Feretri**: vocative < *Iuppiter Feretrius*, Jupiter to whom the spoils of war are offered. The Romans derived the title either from *fero*, "bring" or from *ferio*, "strike."
	regia arma: "a king's arms"; for the adjective instead of a noun in the genitive cf. on 3.1 *tutela muliebri*.
	sedem: "as a home"; in apposition with *templum*.
	opimis spoliis < *spolia opima*, "noble spoils," taken from the enemy commander by the Roman general.
7	**dis uisum** (*est*): "it seemed (best) to the gods, the gods decided" + accusative and infinitive.
	inritam: "void, unfulfilled"; predicative.
	compotum: genitive plural < *compos*, "in control of, sharing in" + genitive.
	uolgari < *uolgo*, "make common."
	Bina: "two"; the distributive is used instead of the cardinal number "when a noun plural in form but usually singular in meaning is used in a plural sense" (*AG* 137b). After Romulus the *spolia opima* were won by A. Cornelius Cossus (428 B.C.) and M. Claudius Marcellus (222 B.C.).
	parta sunt < *pario*.
11.1	**per occasionem ac solitudinem**: *hendiadys*. The fields were unguarded since the Romans had returned to the city after defeating the Caeninenses.
	palatos < *palor*, "wander hither and thither, straggle."
2	**ouantem** < *ouo*, "rejoice."
	Hersilia: traditionally the mediator between the Romans and the Sabines. Livy follows a version in which she was the wife of Romulus. See Ogilvie *ad loc.*
	parentibus: i.e., of the Sabine women.
	rem coalescere ... posse: "the state could become strong, be established."
	impetratum (*est*) < *impetro*, "succeed in one's request"; here impersonal.
3	**profectus** (*est*): The subject is Romulus.
	minus ... certaminis: *certaminis* is partitive genitive.
	alienis < *alienus*, "belonging to someone else."
4	**Utroque**: "to both places"; adverb.
	nomina darent: "enlisted," a frequent technical expression for enrolling as a recruit or colonist; subjunctive of characteristic.
	Romam ... migratum est: i.e., the Crustumini also came to Rome; *migratum* is impersonal.
	inde: "from there," i.e., from Crustuminum.
5	**Nouissimum**: "last."

6	**praeerat** < *praesum*, "be in command of" + dative. **filiam**: Her name was Tarpeia, i.e., the feminine of her father's gentile name, *Tarpeius*. Her story explains the name of the Tarpeian rock, from which murderers and traitors were thrown. **Tatius**: king of the Sabines; see 10.1. **sacris**: dative of purpose. **petitum**: "to seek"; supine < *peto*. The accusative of the supine is used with verbs of motion to express purpose (*AG* 509). **ierat** < *eo*.
7	**Accepti**: i.e., the Sabines. **causa**: "for the sake of" + genitive of the gerundive to express purpose. **ne quid ... fidum ... esset**: "that there would be nothing dependable, that there would be no safety"; a purpose clause.
8	**quod**: "because." **uolgo**: "generally"; adverb. **pepigisse** < *pango*, "contract for, agree on as a price." **eo**: "wherefore, consequently." **illi**: dative of disadvantage. The antecedent is Tarpeia. **congesta** < *congero*, "heap up."
9	**pacto** < *pactum* (substantive from *pango*), "agreement." **derecto**: "directly, immediately." **fraude ... agere**: "to be dealing fraudulently." **mercede** < *merces*, "wages, fee."
12.1	**inde**: "from there." **postero die**: "on the next day." **instructus** < *instruo*, "draw up," as in a battle line. Since the Sabines held the citadel at the top of the hill, the Romans had to take the less favorable position below. The Sabines decided not to move down the hill until the Romans tried to storm the citadel. **quod ... campi**: "that part of the plain which." The battle took place in the north-west part of the Forum. **prius ... quam**: "before"; qualifies the clause beginning with *quam*. **aequum**: "the level" ground. **ira et cupiditate ... stimulante**: ablative absolute. **in aduersum**: "on to the hill, uphill" (*OLD* 2 *aduersum*). **subiere** < *subeo*, "come up, climb," often of going up a slope to meet an enemy.
2	**Hic**: "the latter." **ad prima signa**: "at the first standards," i.e., in the front ranks.
3	**Ut**: "when," as often with the indicative. **ueterem portam Palati**: the Porta Mugiona, one of the three gates of the early Palatine.

4	**tendunt** < *tendo*, "direct one's course, head in a direction."
5	**saltem**: "at least"; qualifies the preceding word.
	arce < *arceo*, "ward off."
6	**Romanis**: dative of separation.
	siste: "stop, stay."
	Hic: "here."
	Statori Ioui: Jupiter Stayer, Jupiter who stops men from fleeing in battle.
	tua praesenti ope: ablative of means. *praesens*, "at hand," here, of direct divine intervention.
7	**ueluti si**: "just as if" + subjunctive in a conditional clause of comparison.
	Hinc: "from this point."
	Iuppiter optimus maximus: a cult title of Jupiter.
	resistere: "to take a stand."
	iterare: "to renew."
	tamquam: "as if."
8	**decucurrerat** < *decurro*, "run down."
	toto quantum foro spatium est: sc. *tantum* as antecedent, "(as far) as there is space in the whole forum," i.e., "through the whole forum." *in* is omitted before nouns modified by *totus* (*AG* 429.2).
	longe aliud esse ... aliud: "that it is by far one thing, (that it is) another, i.e., "that it is very different (to) ... than (to)."
9	**haec gloriantem**: "boasting these things," i.e., "uttering these boasts."
	ex equo: "on horseback."
	eo: See on 11.8 *eo*.
	alia: here = *reliqua*.
	audacia: ablative of means.
10	**strepitu**: The ablative of cause explains *trepidante*.
	adnuentibus < *adnuo*, "nod, beckon."
	animo: "courage."
	euadit: "escaped."
13.1	**crinibus passis scissaque ueste**: traditional signs of mourning. *passis* < *pando*, "loosen, spread"; *scissa* < *scindo*, "rend, tear."
	ausae < *audeo*, "dare."
	ex transuerso: "from the flank," i.e., across the line of battle. Take with *impetu facto*.
	dirimere: "separated"; historical infinitive.
2	**hinc ... hinc**: "on this side ... on that."
	ne ... respergerent: "not to spatter"; indirect command after *orantes*.
	partus: "descendants."

nepotum ... liberum progeniem: "offspring (consisting) of grandsons, (consisting) of children." *nepotum < nepos; liberum = liberorum.*

3 **Si adfinitatis ... si conubii piget**: "if (you) regret kinship by marriage, if (you) regret the marriage." For the construction see on 8.7 *virium haud paeniteret.*
peribimus: future < *pereo.*
alteris uestrum: "one or the other of you"; *uestrum* is partitive genitive < *uos.*
uiduae aut orbae: "widows or orphans." If the battle continues, the women risk losing either their Sabine fathers or their Roman husbands.

4 **foedus**: "treaty."
consociant: "share, unite." Romulus and Tatius shared the throne.

5 **Quirites**: an official name for Roman citizens, which the ancients derived from *Cures*, a Sabine town.
appellati: sc. *sunt.*
Monumentum: "(as a) memorial."
Curtium: object of *statuit*, "set."
Curtium lacum: The *Lacus Curtius* was a depression in the Roman Forum. At 7.6.3 Livy tells the story of Marcus Curtius, who rode in full armor into a chasm in the forum which the soothsayers had declared could be closed only after throwing into it Rome's greatest treasure.

6 **curias triginta**: The Roman people were organized into three tribes (not mentioned here) and thirty *curiae*, or wards, based on family. See Ogilvie *ad loc.*

7 **aliquanto**: "somewhat"; ablative of degree of difference.
hoc: ablative of comparison.
dignitatibus: "ranks."
uirorumue: sc. *dignitatibus*, "or (by the ranks) of (their) husbands."
quae ... darent: relative clause of purpose.

8 **centuriae tres**: There were ten knights from each *curia*.
equitum < *eques*, "knight."
Ramnenses ... Titienses ... Lucerum: The derivation of all three names is doubtful. *Lucerum* is genitive plural < *Luceres.*

14-15 THE DEATH OF TATIUS AND WAR WITH FIDENAE AND VEII

14.1 **Laurentium**: genitive plural < *Laurentes*, the people of Lavinium.
iure: "by the right."

Livy, *Book I*

    agerent: "brought legal action, made a complaint."
    suorum: here refers to Tatius, "of his own (relatives)."
    plus poterant: "were more powerful" (than the just complaints of the Laurentes).

2   **Lauinii**: locative.
    eo: "to that place," i.e., to Lavinium.

3   **infidam**: "untrustworthy, unsafe."
    iniuria: "unjustly"; ablative of manner (*AG* 412b).
    urbes: in apposition with *Romam Lauiniumque*.

4   **propius**: "nearer."
    prope: "almost."
    Fidenates: the people of Fidenae, an Etruscan town about five miles from Rome.
    prope: here a preposition with the accusative, "close to, near."
    priusquam ... esset: "before there should be"; anticipatory subjunctive (*AG* 551b).
    occupant < *occupo*, "be the first to."
    agri: sc. *id*, "that land."
    urbem = *Romam*.
    Fidenas < *Fidenae*, the town Fidenae. The name is plural in form; cf. *Fidenis* in 8.6.

5   **dextra**: "on the right"; ablative.
    populantur < *populor*, "lay waste."
    repens: "sudden."
    pro: "instead of."

6   **dilationem**: "delay"; object of *pati*.
    mille passuum: "a mile (away)"; accusative of extent. *passuum* is partitive genitive.

7   **omnibus copiis**: ablative of accompaniment; *cum* is often omitted in military phrases (*AG* 413a).
    † densa obsita uirgulta †: The daggers indicate a corruption in the text. Ogilvie favors Hertz's emendation *densis obsitis uirgultis*, but worries about "the unparalleled array of *-is* sounds." Translate, "he ordered part of the soldiers to lurk in a concealed ambush, the area being overgrown all around with thick bushes."
    equitatu < *equitatus*, "cavalry."
    adequitando: gerund < *adequito*, "gallop up to"; here + dative.
    Fugae: genitive with *causam*.
    simulanda: "to be feigned."

8   **uelut**: "as if."
    trepidante: here "wavering."
    pedes: "footsoldiers, infantry."
    referret gradum < *refero gradum*, "retreat."
    effusi hostes: subject of *trahuntur*.

	studio: "by (their) zeal for" + genitive of the gerund.
9	**Inde**: "from it" (the ambush).
	transuersam: "on the flank."
	mota ... signa: subject of *addunt*. Translate, "the moving of the standards"; *a. u. c.* construction. Cf. on *Praefatio* 6 (*ante conditam condendamque urbem*).
	perculsi < *percello*, "strike, dismay."
	prius ... quam: See on 12.1 *prius ... quam*.
	quique ... uiri: "and (those) men who."
	circumagerent: "could wheel" < *circumago*; anticipatory subjunctive.
10	**quippe**: "for in fact."
	uera fuga: sc. *fuit*.
	simulantes: accusative; object of *secuti erant*.
	paulo ante: "a little before"; *paulo* is ablative of degree of difference.
11	**Romanus**: "the Romans"; singular for plural.
15.1	**Fidenatis** < *Fidenas, -atis*, "belonging to Fidenae."
	inritati: sc. *sunt*.
	Veientium < *Veientes*, the inhabitants of Veii, another Etruscan town near Rome.
	populabundi < *populabundus*, "predatory, ravaging"; modifies *belli*.
2	**castris positis**: ablative absolute; < *castra pono*, "pitch camp."
	Veios < *Veii*; accusative of place to which. The name of the town is masculine plural.
	Romanus: "the Romans"; see on 14.10 *Romanus*.
	dimicationi ultimae: "final struggle," i.e., "fight to the finish"; dative of purpose.
3	**Quem**: connecting relative; the antecedent is *Romanus*; subject of *ponere* and *accessurum* (*esse*).
	obuiam: "against, to meet" them; adverb.
	decernerent: here, "decide by combat, fight."
	de: "for, in defense of."
4	**tantum**: "only."
	exercitus: genitive.
	urbe: ablative of separation with *abstinuit*, "held back from, refrained from."
5	**clade** < *clades*, "disaster."
	petitum: supine for purpose; see on 11.6 *petitum*.
	multatis < *multo,* "punish, fine"; dative.
	indutiae: "truce, armistice."
6	**ferme**: "in general, about"; qualifies *haec*.
	absonum: "inconsistent with" + dative.

	diuinitatisque ... creditae: "belief in (his) divinity"; *a. u. c.* construction.
	firmandae: sc. *urbis*.
7	**illo**: Romulus.
	profecto: "assuredly, certainly."
	tantum ualuit: "it (the city) was so strong."
8	**gratior**: "more pleasing"; Romulus is meant.
	Celeres: The nature and origin of the Celeres were not understood by the Romans themselves. One explanation (which Livy follows) makes them Romulus' bodyguard; according to another, they were the three hundred *equites* of his cavalry.

16 THE APOTHEOSIS OF ROMULUS

16.1	**editis** < *edo*, here, "accomplish."
	ad ... recensendum: "to review."
	campo: i.e., the Campus Martius.
	Caprae paludem: a swamp in the lowest part of the Campus Martius.
	tam denso ... nimbo: "with such a thick cloud"; introduces a clause of result.
	conspectum eius: "sight of him." The clouds and rain were so thick that the people could no longer see the king.
	contioni: dative of separation.
2	**credebat**: "believed" + dative.
	sublimem raptum *(esse)*: "that he had been snatched up on high."
	icta: modifies *pubes*.
3	**saluere ... iubent**: "hail, greet, salute."
	uniuersi: "one and all."
	pacem: "goodwill."
	sospitet < *sospito*, "keep safe, preserve"; a religious term.
4	**discerptum** *(esse)* **regem**: "that the king had been torn to pieces."
	arguerent < *arguo*, "charge, allege"; subjunctive in a relative clause of characteristic.
	fama: "story."
	illam alteram: sc. *famam*.
5	**addita**: sc. *esse*.
	fides: "belief."
	sollicita ciuitate ... infensa: ablative absolute.
	grauis: here, "influential"; nominative; modifies *auctor*.
	quamuis: "although, however"; often qualifies the following adjective.
	magnae: here, "strange, supernatural."

	prodit < *prodeo*, "come forward."
6	**prima hodierna luce**: "at today's first light," i.e., "at dawn today."
	se mihi obuium dedit: "put himself in my path, came to meet me."
	contra intueri: i.e., "to look him in the face."
7	**Abi**: imperative < *abeo*, "depart."
	caelestes: "heaven-dwellers, gods"; subject of *uelle*.
	proinde: "accordingly."
	colant sciantque ... tradant: jussive subjunctives.
8	**Mirum**: sc. *est*.
	quantum ... fides fuerit: indirect question; *quantum* is adverbial.
	quam: "how"; introduces indirect question.

17 THE INTERREGNUM

17.1	**necdum**: "and not yet."
	singulos: "individuals."
	magno opere: sometimes written *magnopere*, "greatly, very much."
	peruenerat: The subject is *certamen*.
	ordines: "orders, classes" of society; here the Sabines and the Romans.
	certabatur: impersonal.
2	**Oriundi**: "descendants."
	quia ... erat regnatum: parenthetical.
3	**In uariis uoluntatibus**: "despite their differing opinions."
4	**circa**: "round about, in the neighborhood."
	esse ... aliquod caput: "for there to be some head."
	alteri: dative with *concedere*, "to give way to."
	concedere: object of *inducebat*.
5	The 100 senators divided themselves into ten groups of ten (*decuriae*), with one man at the head of each. The decuries took turns ruling, each having the *imperium* for five days before it passed on to the next. No one believes this account.
	singulisque in singulas decurias creatis: "and electing one man for each *decuria*."
	summae rerum: "the sum of things," i.e., "the fortunes of the whole state"; *summae* < *summa*; dative with *praeessent*.
6	**Decem**: i.e., the ten men of the *decuria*.
	in orbem: "in rotation."
	ab re: "from the fact" that it was a period between two reigns.

Livy, Book I

quod ... nomen: Even in republican times the Romans used the term *interregnum* for a vacancy in the succession of the supreme power.

7 Fremere: "grumbled"; historical infinitive.
pro: "instead of."
ultra: "further, any more."
et ... creatum: "and (one) chosen."
passuri: "likely to endure"; for the sense of the future participle see on 9.1 *duratura erat*.

8 ultro: "of their own accord."
amissuri: See on *passuri* in 17.7.
ita: limits *permissa*.
gratiam ineunt < *gratiam ineo*, "win favor."

9 iussisset < *iubeo*, here, "appoint," a technical term for a vote of the people.
in legibus magistratibusque rogandis: "in asking (assemblies for approval of) laws and magistrates"; a technical term.
comitiorum < *comitia*, n. pl., "electoral assembly, election."

10 Quod bonum, faustum felixque sit: "the ritual formula of prayer at the beginning of most public and private undertakings" (Ogilvie *ad loc.*). The relative *quod* looks forward to the next clause.
uisum est: See on 10.7 *dis uisum (est)*.
dignum qui ... numeretur: "worthy of being counted"; *qui ... numeretur* is a relative clause of characteristic (*AG* 535f).
crearitis = *creaueritis*, future perfect.

11 sciscerent < *scisco*, "ordain," a technical term.
qui ... regnaret: indirect question; *qui* for *quis* (*AG* 148, note).

18 THE ELECTION AND INAUGURATION OF NUMA POMPILIUS

18.1 Numae Pompili: Numa Pompilius is as mythical as Romulus. His name seems to be Etruscan. For the development of the Numa legend see Ogilvie *ad loc.*
Curibus: locative < *Cures*.
consultissimus: "most learned in" + genitive.
ut: "as far as." Livy's point is that in Numa's time no one was *very* learned.

2 Auctorem: "teacher, source."
falso: adverb.
Samium Pythagoram: in apposition with *Auctorem*.
Pythagoras of Samos, the famous sixth-century philosopher, settled in Magna Graecia (the foot of Italy) as a young man, and was

credited by the ancients with introducing Greek civilization into Italy.
quem ... habuisse: accusative and infinitive governed by *constat* at the end of the sentence.
centum amplius post annos: "more than a hundred years later" (*AG* 424f).
in ultima ... ora: "on the farthest (i.e., southernmost) coast."
Metapontum, Heracleamque et Crotonem: Metaponto, Heraclea, Croton–Greek cities on the 'sole' of the foot of Italy. Pythagoras is associated especially with Croton.
studia: object of *aemulantium*.

3   **etsi**: "even if."
quo linguae commercio: "by what interchange of language."

4   **Suopte**: emphatic for *suo*.
non tam ... quam: "not so much ... as."
tetrica: "severe."
quo genere: ablative of comparison; here *genus* means "race."

5   **rege inde sumpto**: The force of the ablative absolute is conditional.
quisquam ... quemquam: "anyone" (nominative and accusative). The indefinite pronoun *quisquam, cuiusquam* is used with an expressed or implied negative—here *neque ... nec*.
ausi: modifies *patres Romani* above.
ad unum: "to a man," i.e., "each and every one."
deferendum *(esse)*: "was to be offered."

6   **Accitus** < *accio*, "summon, fetch." Translate, "(When he was) summoned."
augurato: "after the auspices were taken, after taking the auspices"; a one-word ablative absolute (*AG* 419c).
adeptus est < *adipiscor*, "attain."
consuli: passive infinitive < *consulo*, "consult."
augure: "diviner, augur." "The augur proceeds to the *arx* and sets up for his observations a timber-framed hut (the original meaning of *templum* ...). ... He then defines his field of observation by reference to certain visible objects ... and determines the favourable and unfavourable quarters of the field. These are ... relative to the direction in which the augur is facing" (Ogilvie *ad loc.*).
honoris ergo: "because of the honor." After the time of Numa the augur had an official priesthood.

7   **prospectu ... capto**: i.e., after deciding on his field of observation.
regiones: "quarters" in augury.
dextras ... laeuas: "right ... left"; predicative.

8   **signum**: here, "landmark"; object of *finiuit*.

104 Livy, *Book I*

9   **contra**: "opposite"; adverb.
quod = *quoad*, "as far as."
uti: here = *utinam*.
adclarassis: archaic perfect subjunctive < *acclaro*, "make evident, make known." *acclaro* does not appear elsewhere, but seems to be a technical term in augury.
peregit < *perago*, "describe, go over."

19-21 NUMA'S RULE

19.1   **Qui**: connecting relative.
potitus: See on 7.3 *potitus*.
de integro: "anew." Numa is conceived as a second founder.

2   **Quibus**: "to these," sc. *iuri, legibus, moribus*; dative with *adsuescere*, "grow accustomed."
(*populum*) **adsuescere ... non posse**: accusative and infinitive.
efferari ... animos: accusative and infinitive; *efferari* < *effero*, "make savage."
Ianum: i.e., the temple of Janus, a shrine in the Forum near the Argiletum. The temple doors were closed only in times of peace. See Ogilvie *ad loc.*
ad infimum Argiletum: "at the lowest part of the Argiletum," a district extending from the south of the Quirinal hill to the Capitoline and the Forum.
indicem < *index*, "sign, indication"; predicative.

3   **T. Manlio consule**: "in the consulship of Titus Manlius"; 235 B.C.
post Punicum primum perfectum bellum: "after the completion of the first Punic War"; 241 B.C.
post bellum Actiacum: Octavian defeated Antony and Cleopatra in the Battle of Actium in 31 B.C. Octavian received the title Augustus in 27 B.C.

4   **positis** < *pono*, "lay aside."
luxuriarent: "grow luxurious, run riot."
rem ... efficacissimam: in apposition with *deorum metum*.
imperitam et ... rudem: "ignorant and unsophisticated"; with *multitudinem*.

5   **Qui**: The antecedent is *deorum metus*.
commento: "invention, fiction."
congressus: "meetings." Numa claimed Egeria as his wife. See below at 21.3.
suos: "their own." The reflexive adjective refers to the gods, each of whom had *his own* (*suos*) priests.
cuique < *quisque*, "each."

6	Numa is supposed to have invented the lunar calendar, which had twelve months of about 30 days. Since the mean lunar period is about twelve hours less than 30 days, the lunar year lacked around eleven days of the solar year.
discribit: "divided."
tricenos: "thirty each"; a distributive numeral.
solido anno: "the full year."
solstitiali ... orbe: "solar revolution."
intercalariis mensibus: i.e., extra months inserted to regulate the calendar.
orsi sunt: The subject is *dies*.
7	**nefastos dies fastosque**: "unlawful and lawful days" for transacting public business.
nihil ... agi: accusative and infinitive.
20.1	**obibat** < *obeo*, here "attend to."
Dialem flamen: the *flamen* (i.e., particular priest) of Jupiter.
2	**Romuli ... Numae**: genitive with *similes*, "like."
regiae uicis: "(belonging to) the duty of the king."
3	**Quirino**: Quirinus seems to have presided over the whole ordered Roman community at peace; see Ogilvie *ad* 16. He came to be identified with the deified Romulus.
Alba: ablative of source.
4	**Salios**: The *Salii* (< *salire*, "leap") were dancing priests of Mars. Their priesthood and rites were very ancient.
Marti Gradiuo: The etymology of *Gradivus* is disputed. The ancients associated it with *gradus,* the dance steps of the priests. In historical times Mars Gradivus presided over the beginning of war.
pictae < *pingo*, here, "embroidered."
caelestia arma: "arms from heaven." According to legend, a shield fell from heaven, sent by the gods as a sign of their favor to Rome. Numa ordered twelve replicas to be made, and these were carried by the *Salii* in their rites.
ancilia < *ancile*, "shield."
tripudiis < *tripudium*, "a solemn religious dance," probably in a kind of triple rhythm.
5	**Pontificem**: The *pontifex maximus* was the titular head of the state religion.
exscripta exsignataque: "written down and copied."
hostiis < *hostia*, "sacrificial victim."
erogaretur < *erogo*, "pay out, expend" from the public treasury.
6	**scitis** < *scitum*, "decree, statute."
ut esset quo: "so that there might be (a place) where"; *quo* introduces a relative clause of purpose.
consultum: supine of purpose.

	plebes: archaic for *plebs*.
	quid diuini iuris: "some (aspect) of divine law"; subject of *turbaretur*.
	adsciscendo < *adscisco*, "adopt, approve."
7	**placandos manes**: "placation of the spirits of the dead."
	quo < *qui*, "some"; the indefinite pronoun.
	susciperentur: i.e., "be recognized" as significant.
	elicienda < *elicio*, "draw out, elicit."
	Ioui Elicio: Jupiter Elicius was called upon to provide rain. His cult was very ancient. See Ogilvie *ad loc*.
	quae suscipienda essent: indirect question.
21.1	**multitudine ... conuersa**: ablative absolute.
	insidens: "fixed, constant."
	cura: subject of *imbuerat*.
	interesse: "to be present (at), to be involved (in)" + dative.
	ius iurandum: "oath."
2	**in regis ... mores**: "on the character of the king."
	in medio: "in (their) midst."
	ducerent: here, "considered."
3	**quem medium**: "the middle of which."
	Quo: "to this place"; connecting relative.
	arbitris < *arbiter*, "witness."
	Camenis: The *Camenae* were originally spring deities, but later became associated with the Muses.
	quod earum ibi concilia ... essent: "because (as he said) their meetings were in that place"; the subjunctive is used because the reason is ascribed to Numa (*AG* 540).
4	**bigis** < *bigae*, "a pair of horses."
	curru arcuato: "in a covered chariot."
	manuque ... inuoluta: "and with the hand covered."
	ad digitos: "to the tips of their fingers."
	significantes: modifies *flamines*.
5	**Argeos** < *Argei*, twenty-seven shrines around the city. The use and purpose of the Argei are obscure. See Ogilvie *ad loc*.
	tutela: "safe-keeping, maintenance."
6	**deinceps**: "in succession."
	alius alia uia: "each in his own way."

22-31 THE REIGN OF TULLUS HOSTILIUS

22.1	**res**: "the government." Other interregna are discussed at 17.1-11 and 32.1.
	cuius ... clara pugna: Tullus Hostilius' grandfather, Hostius Hostilius, was killed in the battle against the Sabines. See 12.2-3.

2. **proximo regi**: i.e., his immediate predecessor, Numa Pompilius; dative with *dissimilis*.
ferocior: "more fierce"; the theme for this section. See on 23.4, 23.10, and *passim*. With Tullus a pattern emerges in which warlike kings alternate with those concerned with civil or internal issues. See Ogilvie *ad loc*.
cum ... tum: "both ... and."
auita < *auitus*, "pertaining to one's grandfather, ancestral." Both Romulus and Tullus are driven by the glory of their ancestors— Romulus by that of Mars; Tullus by that Hostius Hostilius.
Senescere: infinitive in indirect statement dependent on *ratus* < *reor*, "think."
otio: "from leisure." *otium* emphasizes lack of activity rather than the absence of war (*pax*). For Tullus, a *bellicosus rex*, the most important activity is war.
materiam: "an excuse."

3. **Forte**: One of Livy's favorite words for introducing key episodes. See 4.4, 5.6, 7.13, 11.6, 24.1, 25.7, 46.5, 57.6.
euenit: "it happened"; introduces the following *ut* clause; see *AG* 568, n. 2.
in uicem: "in turn."

4. **Albae**: locative case.
fere sub idem tempus: "almost at the same time."
ad repetendas res: "to demand the return of their property"; a gerundive purpose clause.
missi: sc. *sunt*.
praeceperat < *praecipio*, "order beforehand" + dative (*OLD* 7b); introduces indirect command.
Albanum: Supply *ducem*; subject of the future active infinitive *negaturum* (*esse*).
ita: "in this way" (i.e., by forcing the Alban leader to be the first to deny reparations).

5. **Albanis**: sc. *legatis*.
socordius: "rather negligently."
hospitio: "hospitably."
Tantisper: "in the meantime, meanwhile."
bellum ... neganti Albano: dative following *indixerant*; "they had declared war on the Albans since they refused" to return their possessions.

6. **legatis**: i.e., of the *Albani*.

dicendi: objective genitive with *potestatem*, "opportunity"; introduces the indirect question *quid ... petentes uenerint*, "what they had come seeking."

purgando: "by making excuses"; introduces indirect statements *se ... dicturos (esse) ... subigi, ... se venisse ... iussos (esse)*.

inuitos: Render as an adverb, "unwillingly"; see *AG* 290.

repetitum: "to demand the return"; accusative supine of purpose after a verb of motion (*uenisse*); see *AG* 509.

iussos (esse): "they had been ordered"; supplies the apodosis of a mixed condition (future less vivid/past simple fact) in indirect statement (*AG* 589).

7   **deos facere testes**: "calls the gods as witnesses"; literally, "makes the gods witnesses."

uter ... dimiserit: indirect question dependent on *testes*.

aspernatus dimiserit: "rejected and sent away"; the participle represents a prior action and is best expressed as a finite verb in English.

ut in eum ... clades belli: "so that they (the gods) might inflict all of the calamities of this war on it (*eum*)." See Ogilvie *ad loc.*

23.1   **domum**: Although the locative (*domi*) might be expected, the accusative here reflects the implied motion toward: "they went home and ...".

ope < *ops, opis* f., "resources."

oriundi Romani essent: "the Romans were descended ...". The sense of obligation in the passive periphrastic conjugation is lost with *orior*. Use *oriundi essent* as the verb for the preceding three clauses. It agrees in number and gender with *Romani* as the closest subject.

2   **nec** = *et non*; correlative with *et* in the next line.

certatum est: impersonal construction; "there was fighting," i.e., "they fought."

tectis modo dirutis: "after only the walls had been torn down"; i.e., "after just destroying the walls." Livy foreshadows the destruction of Alba Longa (29.1-6).

alterius urbis: modifies *tectis*.

confusi sunt: "were joined" < *confundo*.

3   **fecere** = *fecerunt*.

haud plus quinque milia passuum: "not more than 5 miles"; *milia passuum* is the plural of *mille passuum*, "thousand (of) paces," i.e., "mile." For Roman measurements, see *AG* 636. For *plus* with a comparative construction not using the ablative or *quam*, see *AG* 407c.

cum re: "along with (the memory of) this event."

uetustate: "through time," i. e., "because it happened so long ago"; ablative of cause. For a discussion of the name of the *Cluilia fossa*, see Ogilvie *ad loc.*
aboleuit: "faded" < *abolesco.*

4   **ferox**: See on 22.2 *ferocior.*
morte: "because of the death"; ablative of cause.
numen ... ab ipso capite... expetiturum poenas: "that the power of the gods would demand punishment for (*in*) the whole Alban people (*nomen*), beginning (*orsum* < *orior*) with that very leader (*capite*)"; *nomen* may refer to a group whose numbers share the same name ("Romans," "Albans"). Cf. *nomen* at 10.3.

5   **statiuis** < *statiua, -orum* n., "fixed camp."
Ducit: Supply *exercitum* as the direct object.
quam proxime ... potest: *potest* adds emphasis to the ease of his approach to the camp: "as near as he was able"; *quam proxime* alone would be "as near as possible."
praemissum nuntiare: "to be sent ahead to announce." Cf. on 22.7 *aspernatus dimiserit.*
opus esse: "there is a need for" + ablative (*AG* 411).
satis: "well enough."
scire: The subject *se* (i.e., Mettius) is omitted, perhaps because of the proximity of *se*, the subject of *allaturum (esse).*
ea: object of *allaturum.*
nihilominus: "no less."
rem: "state."

6   **tametsi uana adferebantur**: "even though meaningless (lit. "empty") things were being said." Tullus has the military advantage at this point.
contra: "on the other side."
instructi ... stabant: cf. 22.7 *aspernatus dismiserit* and 23.5 *praemissum nuntiare.*
procerum < *procer, proceris* m., "a noble."

7   **infit**: "begins"; a defective verb.
Iniurias ... non redditas res ... regem nostrum: the three causes of the war, from the perspective of the *Albani.*
ex foedere: "according to the treaty."
te ... eadem prae te ferre: "that you ostentatiously report these same things" (*prae OLD* 3b).
dictu: ablative supine with *speciosa*; lit. "pleasing in the saying," i.e., "crowd-pleasing words" (*AG* 510; 418).

8   **recte an perperam**: "whether rightly or wrongly."
ista ... deliberatio: i.e., the determination about the true cause of the war.

eius: "of him"; antecedent of *qui*.
gerendo bello: dative of purpose (*AG* 505).
Illud te, Tulle, monitum uelim: "I would like you to be warned about the following (situation)"; *uelim* is a potential subjunctive; *illud* is a retained accusative with the passive infinitive (*AG* 395, n. 2; 396b).
Etrusca res ... quanta sit: indirect question governed by *scis*.
quo proprior, hoc magis scis: "since you are nearer (to the Etruscans), you know better (than we–the *Albani*–do)"; *quo* and *hoc* are ablatives of degree of difference (*AG* 414a).
esto: future imperative < *sum*.
iam cum: "as soon as"; literally "at the time when."

9   **spectaculo**: dative of purpose; "a public show." The importance of who is watching and the public nature of military action is another theme in this section.
fore: future infinitive < *sum*; indirect statement introduced by *Memor esto*.
simul ... ac: "as soon ... as, at the same time ... as." The Etruscans will attack the winner as soon as the loser.
adgrediantur: sc. *Etrusci*.
aleam < *alea*, "gamble, risk" (*OLD* 2).
qua ... decerni possit: "by which it can be decided."
utri utris imperent: "which may command the other"; indirect question.

10 **res**: "suggestion."
cum ... tum: "both ... and."
indole animi: "because of the nature of his spirit."
Quaerentibus ... materiam: "by those on both sides who were seeking (a resolution), a plan (*ratio*) is embarked upon (*initur* < *ineo*) for which fortune itself offers the means (*materiam*)."

24-25 THE BATTLE OF THE CURIATII AND THE HORATII

24.1   **Forte**: See on 22.3.
trigemini: "sets of three."
satis constat: impersonal construction; "it is well enough agreed." Cf. 1.1.
res: "event."
nominum: "about the names"; dependent on *error*.
utrius populi: "of which people"; introduces indirect question. The names of the two sets of brothers are known, but there is confusion about which came from Alba and which from Rome.
hos ut sequar inclinat animus: "my mind is inclined to follow these (authors)"; (*inclino*, *OLD* 9c).

2 **agunt**: "make an agreement" (*ago, OLD 39*).
sua quisque patria: Notice how the word order reflects the situation: each man has his country gathered around him for support and dependent on him for its success.
quisque ... dimicent: Although *dimicent* is plural, the singular *quisque* recognizes each set of three individually.
imperium fore: indirect statement introduced by *agunt*.
tempus et locus conuenit: "the time and the place are agreed upon."
3 **ictum inter Romanos et Albanos est**: Through the word order Livy makes visible the striking of the treaty that binds the Romans and Albans together; cf. 24.2 *sua quisque patria*.
his legibus: "on the following terms."
ut cuiusque populi ciues ... uicissent: "that the citizens of whichever people should be victorious"; *cuiusque* = *cuiuscumque* is archaic and legalistic; *ciues*, i.e., the champions; see Ogilvie *ad loc.*
is: "this people."
alteri populo: dative after *imperitaret*. *alter* means "the other (of two)."
imperitaret: solemn and archaic for *imperaret*; see Ogilvie *ad loc.*
Foedera alia aliis legibus (*fiunt*): "some treaties are made on some terms, others on others," i.e., "different treaties are made on different terms." For the repeated *alius* expressing a double statement, see *AG* 315c.

24.4-9 THE FETIAL PROCEDURE FOR MAKING A TREATY

4 **ita**: "in the following way."
factum (*esse*): introduced by *accepimus*; sc. *foedus*.
Fetialis: The *Fetiales* were priests, led by a *pater patratus*, who originally made treaties concerning war and peace when Rome's wars were primarily local and land-based. When Rome began to fight wars overseas, the *fetiales* no longer took part in the process of declaring war, but they maintained their duties in making other treaties. See Ogilvie *ad loc.*
patre patrato < *pater patratus*, "officiating priest"; *patratus* < *patro* (1), "accomplish." The *pater patratus* was chosen by the college of Fetial priests from their own number. Since Alba and Rome are related cities, they each have the same officials.
Sagmina: "sacred herbs." By carrying these herbs which had been pulled fresh from the Capitol and still held Roman soil in their roots, the priests maintained their contact with Rome and became inviolable; see Ogilvie *ad loc.*

112   Livy, *Book I*

Puram: sc. *herbam.*
tollito: future imperative < *tollo*; "go and pick" (lit. "raise up").
The archaic form conveys the formality of the proceedings.
5   **regium** < *regius,* "royal."
    Quiritium: "of the Quirites"; a recognition of the Sabine element
    in the Roman population. See on 13.5.
    uasa: "implements" < *uasum, -i* n. or *uas, uasis* n.
    Quod ... fiat: "so far as it may be done"; a relative clause of
    characteristic expressing restriction or proviso (*AG* 535d).
    fraude: "harm."
6   **Fetialis ... fecit**: One of the priests selects another to serve as
    pater patratus on this specific occasion, suggesting that, like a
    dictator, the *pater patratus* held his office to deal only with a
    specific incident.
    uerbena: i.e., the *sagmina*; ablative.
    Pater patratus ... fit: "The pater patratus is created...."
    ad ... patrandum, id est, sanciendum ... foedus: Because
    the *pater patratus* is the representative of the Roman people and
    even of the soil of the city through the ritual by which he is
    appointed, his pronouncing of the oath makes the treaty sacred.
    ius iurandum: "oath"; modified by the gerundive *patrandum.*
    effata: "(since they were) spoken"; < *effor.*
    carmine: "formula."
    non operae est: "it is not worth the effort" + infinitive.
7   **prima postrema**: modifies *illa;* "from the first to the last."
    ceraue: "or from the wax."
    sine dolo malo: i.e., "in good faith."
    hic hodie: "here today." This combination occurs only here and at
    24.8 in Livy, perhaps representing a part of the formula.
    deficiet: "will not fail, will not fall short," i.e., "will not violate"
    + dative.
8   **defexit** = *defecerit*; an archaic form of the future perfect preserved
    in this formula. Like the future imperatives *tollito* (24.5) and *ferito*
    (24.8), this archaic form conveys the formality of the proceedings.
    publico consilio: "by public consent" (as opposed to the
    unauthorized action of an individual).
    sic ... ut: "just ... as."
    ferito: "strike"; future imperative of *ferio.*
    tanto ... quanto: "with so much more (force) ... as"; ablatives of
    the degree of difference (*AG* 414a).
9   **saxo silice**: a sharpened piece of flint kept in the temple of Jupiter
    Feretrius. See Ogilvie *ad loc.*
25.1 **sui**: i.e., the men of the Roman and Alban armies respectively.

Livy, *Book I* 113

utrosque ... intueri: accusative and infinitive dependent on *adhortarentur* (*AG* 563 n.).
feroces: Both sets of brothers are now primed for the fight; see on 22.2 *ferocior*.
pleni adhortantium uocibus: "filled with the voices of those offering encouragement."

2 **praesentis**: "immediate"; modifies *periculi*.
expertes: "free from" + genitive.
agebatur ... positum: "was at stake and was dependent on" + *in* and the ablative (*pono OLD* 23b); for the translation see on 22.7 *aspernatus dimiserit*.
spectaculum: See on 23.9.
animo intenduntur: "direct their attention toward" (*intendo, OLD* 11b).

3 **animos**: "courage." Note Livy's use of the same word, *animus*, with two different meanings in close proximity. See *praefatio* 1.3 (*res*), 7.5 (*auerto/auersos*), and 14.4 (*prope*).
gerentes: "displaying."
Nec his nec illis ... obuersatur animo: "(It was) not their own danger (which) swirled in the thoughts of these men or of those men, (but) the power or the servitude of their state ...." By omitting the conjunction (asyndeton), Livy is able to juxtapose the opposing concerns (*suum* vs. *publicum*) literally through the word order.
futura ea ... fortuna: "the fortune to come." See on 9.1 *duratura erat*.
quam ipsi fecissent: "which they themselves would have determined"; a pluperfect subjunctive in place of a future perfect indicative in a relative clause in an informal indirect statement in secondary sequence (*obuersatur* is a historical present). See *AG* 591.2 and 592. The clause may also have a causal force.

4 **increpuere** = *increpuerunt*.
fulsere = *fulserunt*.

5 **consertis manibus**: "when the conflict had been joined"; ablative absolute. See *OLD consero* 4.
non ... tantum: "not only."
spectaculo: dative of purpose.
super: "on top of" + accusative.

6 **quorum**: "of these men"; i.e., the two Romans; a connecting relative (*AG* 308f).
exanimes: modifies *legiones*; "(who were) terrified at." The verbal aspect of the adjective allows it to take an accusative object (*uicem*).

7 **ut ... sic**: "just as ... so."
uniuersis: "to all at once"; dative following *par*.

Livy, *Book I*

ferox: "formidable." Note the resumption of the *ferox* theme; see on 22.2.
eorum: "against them"; objective genitive.
ita ... ut quemque uolnere adfectum corpus sineret: "to the the extent that each man's body, hampered by its wounds, would allow him." *sineret* is subjunctive in a subordinate clause in indirect statement (*AG* 580).

8   **aliquantum spatii**: "a considerable distance."
ubi pugnatum est: impersonal construction; "where the fighting had been."
sequentes: "that they were following." A participle following a verb of the "action of the senses" can have the same force as an indirect statement (*AG* 497d). Here Livy has made both the participle and indirect statement dependent on *uidet* to allow him to shift the attention from the plural to the singular (*unum*), just as Horatius has done.

9   **uti ... ferant**: indirect command governed by *inclamat*.
clamore qualis ex insperato fauentium solet: "with a shout of the sort one expects from supporters (*fauentium*) when something unhoped for has happened."
defungi < *defungor*, "finish" + ablative.

10   **prius ... quam** = *priusquam*, by tmesis.
alter: "the one"; the third brother in order of encounter, but one of the two still alive.
alterum: "the other"; the second brother in order of encounter.

11   **aequato Marte**: "when the battle was on equal terms."
singuli: "one fighter on each side."
alterum: direct object of *dabat*; refers to Horatius.
ferocem in: "eager for."
dabat: "was making" (*do OLD* 23). The verb is singular in agreement with the nearest subject.
alter: the remaining Curiatius.
corpus: object of *trahens*, modified by *fessum*.
uictus ... strage: "overcome by the slaughter of his brothers before him"; *ante* combines the facts that the other brothers were slain first and that they were slain in his presence, "before his eyes," as we would say.
uictori ... hosti: "a victorious enemy"; dative following *obicitur*.
proelium: "a real battle."

12   **fratrum**: partitive genitive with *duos*. *Ex* + ablative is the more common construction with numbers (*AG* 346a.2 & c).
manibus < *manes, manium* m., "spirits of the underworld."
causae: indirect object of *dabo*.

Romanus Albano: Note the singular for the plural.
Male sustinenti arma: "of that man barely holding up his own weapons"; *sustinenti* is dative of disadvantage.
iugulo: ablative of place where with *defigit*.
iacentem: "the man lying dead."

13 **eo maiore ... quo prope**: "with joy the greater since the situation had been near to despair (*metum*)." Correlative ablatives of degree of difference (*AG* 414a) are usually both accompanied by comparatives, but here *quo* is used with a positive adverb.
suorum: Both the Albans and the Romans are understood as the subject of *uertuntur*.
nequaquam paribus animis: "with hardly equal feelings."
quippe imperio ... facti (*sunt*): "since one side has been made greater in power, while the other has been made subject to a foreign rule"; *dicionis alienae* is predicative genitive of possession; cf. (*quorum*) *tutelae* at 6.4.

14 **sed distantia locis ut et pugnatum est**: "but (the tombs are) distant from each other as the fighting also had been."

26 THE MURDER OF HORATIA

26.1 **roganti Mettio**: dative with *imperat*.
ex: See on 23.7 *ex foedere*.
quid imperaret: indirect question introduced by *roganti*.
iuuentutem: "young men of military age, the youth."
opera: "service"; ablative with *usurum*.
foret = *esset*; imperfect subjunctive in a future less vivid condition in indirect statement.

2 **Princeps**: "first, at the front."
cui: a connecting relative; dative with *obuia ... fuit*, "met."
uni: dative with *desponsa fuerat*.
paludamento: "cloak."

3 **Mouet**: "arouses, incites."
feroci iuueni: dative of reference (*AG* 377).
in: "in the face of."
stricto ... gladio: "after having drawn his sword."

4 **immaturo amore**: "premature devotion." Because Horatia was not yet married to Curiatius, her allegiance should have been wholly to her natal family.
oblita: "since you have forgotten"; < *obliuiscor* + genitive.
uiuique: "and alive"; sc. *fratris*.
quaecumque: "any woman who."

5 **patribus plebique**: datives following *uisum*.
meritum < *meritum, -i*, n., "service."

obstabat: "stood in contrast to" + dative.
raptus: sc. *est*; "he was seized and brought."
tristis ... supplicii: objective genitives dependent on *auctor*.
ad uolgus: "to the people." The dative is expected after *ingrati*.
secundum: "following, according to" + accusative.
perduellionem < *perduellio, -ionis*, f., "high treason." The application of *perduellio* in this case is unclear since it refers to a crime against the state. One explanation is that Horatia, by mourning the enemy, was guilty of *proditio*–betrayal. She, therefore, belonged to the state to punish, and by killing her, Horatius deprived the state of its right. The difficulty with such an argument is that the state always turned women over to their families–specifically to their fathers–for punishment, even in such serious crimes as *proditio*. What is clear, however, is that Horatia could not think of her fiancé in political terms and Horatius could not think of him as his future brother-in-law, but only as the enemy. The procedure for dealing with *perduellio* is as follows: the king names two men (*duumuiri*) who declare the defendant guilty of *perduellio*. The defendant has the right to appeal (*provocare*) to the people, who, after some testimony, may either affirm the original judgment, reverse it, or, as in this case, require some lesser punishment. For a fuller discussion, see Ogilvie 26.
iudicent: with accusative of the crime and dative of the person; subjunctive in a relative clause of purpose.
facio: "I create."

6   **Lex horrendi carminis erat**: "The rule of the frightening formula was as follows."
si ... certato: "if he shall appeal from the (judgment of) *duumuiri*, let there be a trial from this appeal." (*certo OLD* 5). Here begins a series of imperatives which represent the dictates of the law.
obnubito ... suspendito ... uerberato: The lictor, as agent of the magistrate, is understood as the subject of these imperatives.
infelici: "fruitless."
pomerium: "sacred boundary." The *pomerium* was an area on each side of the city wall that constituted the boundary of the city as determined by the augurs. See on 44.4 and Ogilvie *ad loc.*

7   **qui ... posse**: The *duumuiri* always rendered a guilty verdict and left it to the people to decide if it was right. See Ogilvie *ad loc.*
ea lege: "according to this law."

8   **auctore Tullo**: "at Tullus' urging."
clemente legis interprete: Tullus knows the procedure and knows that Horatius' only hope is through *prouocatio*.

9   **P. Horatio patre proclamante**: ablative absolute; causal.

iure: "justly."
caesam: sc. *esse*; accusative and infinitive introduced by *iudicare*.
(se) animaduersurum fuisse < *animaduerto + in*, "punish"; the apodosis of a contrary to fact condition in indirect statement (*AG* 589b2).
liberis < *liberi, -orum*, "children"; ablative of separation following *orbum*.

10 **Pila Horatia**: either the "Horatian spears" (*pilum, -i* n.) or the "Horatian column" (*pila, -ae* f.). It was common to pile up the enemy's weapons to mark a victory, but in the time of Augustus, this name was given to one of the corner columns of one of the basilicas in the Forum. See Ogilvie *ad loc*.
Huncine: Both *hunc* and the later *eum* are objects of *uidere* and refer to Horatius.
modo: "just now."
uictoria: ablative of cause with *ouantem*.
quod ... tam deforme spectaculum: "this so horrible a sight"; *quod* is a connecting relative.

11 **pepererunt** < *pario*, "win."
uerbera: imperative < *uerbero*.
quo: "where, to what place?"
a tanta foeditate supplicii: "from such a foul punishment"; *supplicii* is genitive modifying *foeditate*.

12 **parem ... animum**: "courage equal to every danger."
absolueruntque ... causae: Whereas the *duumuiri* can consider only the one act, the people have the ability to consider the person's whole life.
caedes manifesta: "obvious murder." Although the people can find him not guilty of *perduellio*, they cannot ignore the fact that he murdered his sister.
imperatum patri: sc. *est*; "it was ordered to the father," i.e., "his father was ordered." For the use of the impersonal in the passive of intransitive verbs, see *AG* 372.

13 **tigillo**: This beam was placed across the road near the temples of Janus Curiatius and Juno Sororia. See Ogilvie *ad loc*.
uelut sub iugum: Leaders and soldiers of an opposing army were sometimes sent under the yoke to signify their acknowledgement of their defeat.
publice: "at public expense."

14 **quo loco corruerat icta**: Like the tombs of the Alban Curiatii and Roman Horatii who fell in battle, Horatia's tomb is erected on the spot where she was killed.
saxo quadrato: "squared stone," as opposed to stone in its natural form.

27-29 METTIUS FUFETIUS AND THE DESTRUCTION OF ALBA LONGA

27.1 **Inuidia**: nominative, subject of *corrupit*.
quod: "at the fact that" + subjunctive.
uanum ingenium: Cf. 23.6, where Tullus considered Mettius Fufetius' words *uana*. *uanus* therefore characterizes Fufetius just as *ferox* is particularly associated with Tullus.
recta consilia: his treaty with the Romans to determine the outcome of the war through the duel between the Curiatii and Horatii.
prauis: sc. *consiliis*; "by evil plans."

2 **suae ciuitati**: "his state"; dative of possession.
animorum ... uirium: partitive genitives each dependent on *plus*.
ad bellum ... gerundum: gerundive purpose clause.
alios concitat populos: Fufetius cannot incite his own people to war against Rome because that would be an obvious violation of the treaty, so he approaches neighboring peoples and incites them to attack Rome.
suis: dative of reference.

3 **sociis consilii**: "as partners in their plan."
pacto transitionis Albanorum: "by an agreement with the Albans that they (the Albans) would desert (Rome)."

4 **descissent** = *desciuissent* < *descisco*, "revolt."
Mettio ... accito: Remember that after the Curiatii had been defeated, Tullus told Mettius to keep his men prepared for war in case Rome needed them.
ducit: sc. *exercitum*.
Anienem: the Anio river north of Rome.
confluentes: "the junction of the two rivers (Anio and Tiber)."

5 **tenuere** = *tenuerunt*.
cornu: "wing" of the military formation.
Albano: sc. *duci*.
ausus < *audeo*, "dare"; takes a complementary infinitive.
sensim: "gradually."

6 **qua fortuna rem daret, ea inclinare uires**: "wherever (*qua*) fortune gave success, to turn the forces in that direction (*ea*)."

7 **Miraculo ... Romanis**: double dative (purpose and reference); "at first the Romans were astonished."
esse: historical infinitive.
ut: "when"; + indicative.
nudari < *nudo* (1), "lay bare"; i.e., "were unprotected."
latera < *latus, -eris* n., here "flank" of an army.

duodecim uouit ... Pauori: Numa had established a college of twelve priests for Mars known as the Salii (leaping priests). Tullus here vows to establish the same number of priests and shrines for Pavor and Pallor. See Ogilvie *ad loc.*

8 **nihil trepidatione opus esse**: "there was no need for fear." *Opus esse*, "there is a need" + ablative of the thing needed.
eidem: i.e., the leader of the *equites* who had informed him of the actions of the Albans.
erigere: "to raise up."

9 **id factum**: "this act"; referring to the raising of the spears.
magnae parti: dative of reference.
intersaepsit: "blocked."
eo acrius: "the more fiercely"; *eo* is ablative of degree of difference.
dictum: "what had been said."
ut qui: causal relative clause. See *Praef.* 4 *ut quae . . . repetatur* and Ogilvie *ad loc.*
Latine sciebant: "understood Latin." Note the use of a plural verb with *pars*, a common construction in Livy.

10 **terga uertunt**: "they retreat"; literally "turn their backs."
Instat ... redit: Tullus chases the fleeing Fidenates and then shifts his army to face the *Veientes*.
fusoque ... cornu: ablative absolute.
in Veientem: Note the singular for a plural.
alieno pauore: "by the fear of the others."
perculsum < *percello*, "dismay"; modifies *Veientem*.
illi = *Veientes*.
obiectum ab tergo: "lying at their backs."

11 **Quo**: "to that place," i.e., to the river.
foede: "shamefully."
dum cunctantur: "while they were hesitating"; *dum* is used with the present tense to express continued action in the past (*AG* 556).
inter fugae pugnaeque consilium oppressi: "torn between deciding to flee or to fight."
ante: "before, previously."

28 THE PUNISHMENT OF METTIUS FUFETIUS

28.1 **deuictos hostes**: "on the defeat of the enemy"; an *a. u. c.* construction; see on *Praefatio* 6

120 Livy, *Book I*

Quod bene uertat: (saying) "may this turn out well." The verb of speaking is understood. This phrase is used as a prayer for success for official acts.

2 **ab extremo**: "from the outer part (of the camp)."
orsi < *ordior*, "begin."
Hi nouitate etiam rei moti: "These men, motivated by their unfamiliarity with this practice."
proximi: "in front," i.e., "nearest" to the Roman king.

3 **Ex composito**: "according to what had previously been arranged."

4 **ante alias**: "previously, on other occasions."
quod: "anything for which."
uestrae ipsorum uirtuti: "to your very own courage"; *ipsorum* is genitive masculine plural and intensifies the reflexive force of *uestrae*. See *AG* 298e.
Dimicatum est: lit. "it was fought," i.e., "a battle was fought."

5 **ne ... teneat**: negative purpose clause.
iniussu meo: "without an order from me."
subiere = *subierunt*, "departed."
uobis: "in your case"; dative of reference with the force of a possessive (*AG* 377); contrasting with *hostibus*.
deseri uos: indirect statement following *ignorantibus*.

6 **quam arguo**: "which I am charging."
quo = *aliquo*, "somewhere." After *si, nisi, num,* and *ne,* the indefinite pronoun *quis, quid* is used for *aliquis, aliquid*.
audeat: apodosis of a mixed condition (future less vivid/future more vivid).
deinde: "in the future."
in hunc: "in the case of this man."

7 **cetera ... peragit**: "he continued the rest (of the speech)."
in animo est: sc. *mihi*; introduces the substantive clause (*populum ... facere*).
legere: "to enroll."
ut ... redeat: Romulus and Remus and their followers came from Alba. See 6.3.

9 **uiuo tibi**: "to you while still alive"; retained dative with a passive verb (*AG* 369a).
at: "yet, at least; yet, on the contrary." In contrast to Mettius' insanity, his punishment will teach something valuable.
ea sancta: sc. *esse*; indirect statement after *credere*.
animum ... ancipitem gessisti: "You displayed a mind divided in two."
dabis < *do*, "hand over (for a specific purpose)" (*OLD* 20).
passim: "in different directions."

10	**Exinde ...portantes**: Tullus orders Mettius to be tied to two chariots and for those two chariots to be driven in opposite directions. **iter**: "directions." The singular is distributive. Each horse is going in a different direction. **qua**: "where."
11	**Primum ... fuit**: "That was the first and last punishment of a kind insufficiently mindful of human laws among the Romans." *exempli* here means "kind" or "sort." **in aliis**: "in other instances." **nulli gentium**: "to no nation"; *nulli* is dative with *placuisse*. *gentium* is partitive genitive.

29 THE DESTRUCTION OF ALBA LONGA

29.1	**qui ... Romam**: relative clause of purpose.
2	**quae**: The antecedent is *legiones*. **intrauere** = *intrauerunt*. **stratis** < *sterno*, "knock down."
3	**prae**: "under the pressure of, because of" (*prae OLD* 5). **deficiente consilio**: "since they had no plan." **rogantesque**: *-que* joins *obliti* and *rogantes*; *rogantes* introduces the indirect deliberative questions. **ultimum illud uisuri**: "since that was the last time they would see them (their homes)."
4	**raptim**: "hurriedly." **quibus ... elatis**: "and after the things had been gathered up which each was able (to carry)."
5	**continens**: "continuous, uninterrupted." **integrabat** < *integro*, "start afresh, start again."
6	**Romanus**: singular for plural. **solo** < *solum, -i* n., "the ground." **unaque hora**: "and in one hour." **dedit**: *Romanus* is the subject. **Templis ... temperatum est**: retained dative with an intransitive verb in the passive voice; cf. 26.12 *imperatum tibi*. See *AG* 372. **deum** = *deorum*.
30.1	**Caelius ... mons**: south of the Esquiline and east of the Palatine. **quo** = *ut eo*. In purpose clauses containing a comparative adjective or adverb, *quo* replaces *ut eo* (ablative of degree of difference); *AG* 531a. **frequentius**: "in greater numbers." **habitaretur**: impersonal verb; "people would live."

122   Livy, *Book I*

   eam = *montem*; *eam* has been attracted into the feminine by *sedem* which stands in apposition to it.

2 **Iulios ... Cloelios**: See Ogilvie *ad loc.* For the *Iulii* see also on 3.2 *Iulum*.
   templum: "a sacred place"; in apposition to *curiam*.
   ordini: sc. *patrum*.
   Hostilia: The original senate house seems to have been constructed by members of the *gens Hostilia* during the 6th or 5th centuries. In 44 B.C.E. it was torn down and replaced with the larger *Curia Julia*; see Ogilvie *ad loc.*

4 **uirium**: objective genitive with *fiducia*.
   genti: in apposition to *Sabinis*.
   uiris armisque: ablatives of specification with *opulentissimae*.

5 **Feroniae**: Feronia is a Sabine goddess. Although her cult was widespread in central Italy, her primary center of worship was north of Rome at Capena and Lucus Feroniae, near Mt. Soracte.
   mercatu frequenti: "at a crowded market (or festival)."
   Sabini: sc. *querebantur*.
   lucum: "sacred grove."

6 **haud parum**: lit. "not a little," i.e., "very."
   partem ... locatam et ... rem ... auctam: indirect statement introduced by *memores*.
   circumspicere: historical infinitive with *ipsi* as its subject.
   et: "also."
   ipsi: modifies and recalls *Sabini* as the subject.

7 **maxime sollicitatis ... animis**: ablative absolute.
   traxere = *traxerunt*.
   quosdam ex inopi plebe: *quidam* takes *ex* + ablative rather than a partitive genitive (*AG* 346.4c).
   ualuit < *ualeo*, "have influence" (*OLD* 8).
   publico auxilio: "official support." Officially the Veientes continue to maintain their allegiance to Rome.
   nam de ceteris minus mirum est: "indeed this act (respecting the treaty with Romulus) would have been less amazing from the others." "Livy means that it is not surprising that the other Etruscans did not assist the Sabines because they had no quarrel with Rome. Veii, the only city which was hostile, was deterred by her treaty." Ogilvie *ad loc.* For the treaty see 1.15.5.

8 **uerti**: "to depend" + *in* + ablative (*verto OLD* 2).
   eo: explained by *utri ... inferrent*.
   occupat < *occupo* (1), "be first" + infinitive.

9 **robore ... equitatu aucto**: ablatives of cause.
   ceterum ... plurimum: "but more."
   ualuit: "prevailed."

10 **pugna ... fuga**: ablatives of means.
illis: dative of reference.
potuit: Treat as an impersonal verb, "it was possible."

31 THE PLAGUE AND THE DEATH OF TULLUS HOSTILIUS

31.1 **lapidibus**: ablative of means with *pluuisse*. Livy also uses the accusative with *pluo*. When things such as stone or flesh or blood were reported to have fallen from the sky, the Romans took them as signs of the gods' displeasure. Here the rain of stones provides the reason for the founding of the *Feriae Latinae*, a festival for Jupiter.
2 **quod** = *et id*; a connecting relative pronoun.
missis ... in conspectu: "in the sight of those sent to investigate this omen"; *missis* is a dative of reference.
haud aliter quam: lit. "hardly other than," i.e., "just as."
3 **uisi**: sc. *sunt*; the subject is those who were sent to investigate.
ex summi cacuminis luco: "from the grove at (of) the top of the peak."
ut ... facerent: indirect command introduced by the speech implied by *uocem*.
uelut ... relictis: "as if the gods has also been left behind along with their homeland."
obliuioni dederant: i.e., "had forgotten."
fortunae ... obirati: "since they had grown angry at fortune"; < *obirascor* + dative.
4 **Romanis**: dative of agent.
uoce ... monitu: ablatives of cause.
sollemne < *sollemne, -is* n., here "custom."
5 **post**: adverb.
laboratum est: impersonal; "they were afflicted."
Vnde: "from this"; i.e., from the sickness.
pigritia: "lack of desire."
oreretur < *orior*, "rise"; an alternate form for the imperfect subjunctive.
credente: modifies *rege*; introduces an indirect statement.
militiae quam domi: "in military action than at home"; both forms are locative.
est implicitus < *implico*, "take hold of, catch in its coils" (*implico OLD* 8).
6 **ut qui**: "that although he"; *ut* introduces a result clause, *qui* a concessive relative clause.
minus ... animum: "less appropriate for a king (*regium*) than to devote his attention to religious rites (*sacris*)."

124 Livy, *Book I*

      obnoxius: "under the influence of" + ablative.
      degeret < *dego,* "spend time, live."
7   **volgo**: "generally, publicly."
      qui: The antecedent is *statum.*
      aegris corporibus: retained dative with *relictam.* What would have been the indirect object with an active verb remains in the dative with the passive. See *AG* 365.
      relictam (*esse*): verb of the indirect statement introduced by *credebant.*
8   **uoluentem**: "reading." He had to unroll the scrolls to read Numa's writings.
      Ioui Elicio: See 20.7 and note *ad loc.*
      operatum ... abdidisse: "secretly devoted himself to these rites."
      initum aut curatum ... esse: "the rite was not begun or taken care of properly (*rite*)." The indirect statement dependent on *tradunt* continues through *conflagrasse.*
      ira ... ictum: "struck by the lightening bolt of Jove (who had been) aroused to anger by the debased religious rite."
      conflagrasse = *conflagrauisse.*
      magna gloria: ablative of description.

32-34 THE REIGN OF ANCUS MARCIUS

32.1   **res**: "the state." For other interregna see 17.1-11and 22.1.
      Quo: a connecting relative pronoun; the antecedent is *interregem.*
      filia: ablative of origin with *ortus.*
2   **ut**: "when."
      cetera egregium: "(although) exemplary in other respects"; *cetera* is an accusative of respect.
      longe antiquissimum ... facere: "considering (it) most important by far ... to conduct."
      ut: "as."
      in album: "on the white tablet." Official notices were posted on a white tablet by the praetor or other officials.
      elata < *effero,* "put into written form" (*OLD* 7).
      Inde: "From this act."
      facta: sc. *est.*
      aui: Numa Pompilius; see 18-21 above.
      regem abiturum (*esse*): accusative and infinitive dependent on *spes.*
3   **cum quibus**: Livy prefers this order rather than *quibuscum.*
      sustulerant < *tollo, tollere, sustuli, sublatum,* "raise up."
      repetentibus ... Romanis: dative, indirect object of *reddunt.*

desidem < *deses, desidis*, "inactive, sluggish." Translate adverbially with *acturum esse*; cf. 22.6 *inuitos* and see *AG* 290.
4   **medium**: "moderate" (*medius OLD* 8).
praeterquam quod: "in addition to the fact that."
regno: dative with *necessariam*.
cum ... tum: "both ... and."
etiam: *credebat* is to be understood. It governs the indirect statement *se ... habiturum (esse)*.
quod illi contigisset otium: The relative clause modifies *id*. *illi* refers to Numa.
temptari ... contemni ... esse: infinitives of indirect statement following *credebat*.
Tullo regi: "a king (like) Tullus."
5   **ut ... proderentur ... gererentur ... indicerentur**: purpose clauses.
ius: "custom."
Aequicolis: in apposition to *gente*. The Aequicoli inhabited the area to the east of Latium. See Ogilvie *ad loc*.
fetiales: See 24.1-8 for the role of these priests in making treaties; also see Ogilvie *ad loc*.
descripsit: "borrowed."

32.6-14 THE FETIAL RITES FOR DEMANDING REDRESS AND DECLARING WAR

6   **unde**: "from whom" with *eorum* as the antecedent.
lanae: genitive of the material (*AG* 344). According to Ogilvie *ad loc*, all the early peoples of Latium shared a ritual for declaring war.
cuiuscumque gentis: The genitive is dependent on the internal accusative *nomen* implied by *nominat*, "gives the name of."
fas: "divine right"; subject of *audiat*, a jussive subjunctive.
uerbisque meis: dative with *fides*; "let there be trust in my words."
7   **dedier**: an archaic form of the present passive infinitive; < *dedo, dedere, dedidi, deditum*, "return." Here an accusative + infinitive has replaced the usual *ut* + subjunctive construction. See 24.4-8 above for other archaic forms in the ritual statements of the *fetiales*.
compotem < *compos, compotis*, "sharing in, participating in" + genitive.
siris = *siueris*. Here the volitive subjunctive (*AG* 450) is used to express a negative command; "never allow."
8   **haec ... haec ... haec ... haec**: direct objects of *peragit*. The priest repeats the ritual four times.

suprascandit: literally "climb over"; here "cross."
cum ... quicumque ei primus uir obuius fuerit: "when some man (of the people in question) first comes into his presence."
concipiendique iuris iurandi: "of the formal pronouncement of the oath"; genitive gerundive phrase modifying *uerbis*.

9 **quos**: The masculine is used here rather than the neuter since both people and possessions might be sought.
diebus ... peractis: temporal ablative absolute.
tot ... sunt: Ogilvie (see *ad loc.*) assumes that Livy's source has become confused and that the number of days should be 30 and not 33, since Dionysius of Halicarnassus says at 2.72 that 30 days was the time period and because that is the number of days given at 22.5 for the return of property before Tullus declared war. Since travel would have been involved, it is possible that an additional three days were given to ensure no mistake about the intent of the enemy.
sollemnes: "usual, customary."

10 **testor**: "I call you (*uos*) as witnesses that ...."
quicumque est, nominat: cf. on 32.6 *cuiuscumque gentis*.
maiores natu = *patres*.
quo pacto: "in what way," i.e., "how."
ius: "what is due (to the Romans) by right."
ad consulendum: "to consult"; *ad* with a gerund to express purpose.

11 **Quarum rerum litium causarum**: "And concerning these properties, disputes, and cases." The force of the genitive is not completely clear. It appears to be related to the genitive of the charge (*AG* 352).
condixit < *condico*, "give notice."
pater patratus: the priest appointed to carry out the negotiations with the offending people. See 24.4 above.
quem ... sententiam rogabat: *rogo* takes accusatives of both the person asked and the thing sought. The practice was to ask a specific senator, chosen for his experience or age, to speak first.

12 **duello** = *bello*.
quaerendas (*esse*): *res* is the understood subject.
Fieri solitum (*est*) **ut**: lit. "It was customary for it to happen that," i.e., "it usually happened that."
hastam ferratam aut sanguineam praeustam: "a spear tipped in iron or made from an infertile [*sanguineam*] tree and hardened by fire"; in both cases the spear would have some magical properties, iron being magical because of its magnetic potential or the wood because it would transfer its infertility to the enemy. See Ogilvie *ad loc.*
tribus ... praesentibus: ablative absolute.

Livy, Book I

- **14** **ab Latinis**: "from the Latins."
  moremque ... acceperunt: Although the procedure had fallen out of use with the increasing number of foreign wars, Octavian used it in his declaration of war against Cleopatra in 32 B.C.
- **33.1** **sacrorum**: objective genitive (*AG* 348) with *cura*.
  Politorium: By the time of Pliny the Elder this city, like Medullia below, had become proverbial as having disappeared without a trace. Ogilvie suggests that it was between Rome and Ostia.
  morem regum priorum: See 13.4-5 and 28.7 above.
- **2** **Additi**: sc. *sunt*.
  eodem: sc. *loco*; "in the same place" (i.e., on the Aventine).
  Tellenis Ficanaque: Tellenae, south of Rome, is near Ardea; Ficana is between Rome and Ostia, near modern Malafede.
- **3** **bello**: "by war."
  repetitum: sc. *est*.
  diruendae urbis eius: "for demolishing the city."
  Romanis: dative of reference.
- **4** **Postremo**: "finally."
  Medulliam: Although the locative might be expected, the emphasis is on the movement of the war from Politorium to Tellenae and Ficana, back to Politorium and then to Medullia. For the site of Medullia, see Ogilvie on 38.4.
  Marte incerto, uaria uictoria pugnatum est: "fighting continued with victory shifting back and forth and the outcome of the battle uncertain."
- **5** **conisus** < *conitor*, "make a strong effort."
  ingenti praeda: ablative of cause (*AG* 404) with *potens*.
  Admurciae: an area at the base of the Aventine and between the Aventine and the Palatine which was sacred to Venus; see Ogilvie *ad loc*.
- **6** **non inopia loci**: "not because of a lack of space."
  quando: "ever, at any time." After *si, nisi, num,* and *ne, quando* is used instead of *aliquando*.
  Id ... coniungi: "For this (i.e., the Ianiculum) to be joined." The accusative and infinite phrase is the subject of *placuit*.
  ponte sublicio: "the bridge resting on piles." The Pons Sublicius was a wooden bridge supported by piles (stout poles) driven vertically into the ground. Since the Ianiculum was on the other side of the Tiber from the other hills of Rome, the bridge was necessary for making it part of the city. See Ogilvie *ad loc*.
- **7** **Quiritium ... fossa**: subject of *est* with *opus* as a predicate nominative. There is much dispute about the origin of the name and to what work it refers. See Ogilvie *ad loc*.

	a planioribus aditu locis: "from the places easier (literally, more level) to approach"; *aditu* is an ablative supine of specification.
8	**discrimine recte an perperam facti confuso**: "the distinction between a thing done rightly or wrongly (i.e., between right and wrong) having been obscured."
	ad terrorem increscenti audaciae: "in order to deter the growing boldness (i.e., lawlessness)."
	imminens: "looming over" + dative.
9	**hoc rege**: ablative absolute.
	Silua Maesia ... adempta: ablative absolute. The Silva Maesia is probably the wooded area between Antium and the mouth of the Tiber at Ostia. See Ogilvie *ad loc*.
	salinae: "salt works." For a discussion of the relationship between the salt works and Ostia see Ogilvie *ad loc*.
	Iouis Feretri: See 10.6.

34 THE ARRIVAL OF LUCUMO AND TANAQUIL

34.1	**cupidine ... spe**: ablatives of cause.
	cuius adipiscendi ... facultas: "the opportunity for obtaining which" (honor).
	Tarquiniis: "at Tarquinii"; locative.
	oriundus erat: See on 23.1 *oriundi Romani essent*.
2	**domo profugus**: "as a fugitive from home."
	his: dative of possession, referring to the two sons of Demaratus.
	superfuit < *supersum*, "survive" + dative.
	bonorum: "goods, property."
	Arruns prior quam pater moritur: *moritur* is also understood after *Arruns*.
3	**uentrem ferre**: "to be pregnant."
	in testando: "in making his will."
	puero: dative indirect object of *inditum (est)*.
	ab inopia: "from his lack (of inheritance)."
	Egerio: His name was Egerius, "Needy, Poor." Livy often puts the name in the dative by a kind of apposition with the person named (here *puero*). See *AG* 373a and cf. 1.3 *pago inde Troiano nomen est*.
4	**Lucumoni contra**: "for Lucumo, on the other hand."
	animos: "feelings of haughtiness" (*animus OLD* 12).
	auxit < *augeo*, "increase."
	ducta in matrimonium Tanaquil: lit. "Tanaquil having been married," but best translated as "his marriage with Tanaquil"; an example of the *a. u. c.* construction.

Livy, *Book I*

    quae ... innupsisset: Render in the following order: *quae haud facile sineret ea quo innupsisset (esse) humiliora iis* ("than those") *in quibus nata erat. quae ,.. sineret* is a relative clause of characteristic. *quo* "into which". The adverb is used instead of *in quae*.

5   **potuit**: The subject is Tanaquil.
    dummodo: "provided that" + subjunctive (*AG* 528).

6   **ad id**: "for this purpose" (i.e., to provide a place where Tanaquil would see her husband honored).
    futurum: sc. *esse*; infinitive in indirect statement, as if this is what Tanaquil was thinking or saying to Lucumo. The indirect statement continues through *Numae esse*.
    una imagine Numae: lit. "because of the funeral mask of Numa alone"; *una imagine* is ablative of cause with *nobilem*. Ancus had only one distinguished ancestor to whose funeral mask he could point for his family's reputation and honor.

7   **ut (*cui*) cupido honorum (*esset*)**: "since for him there was a desire for honors...."
    materna tantum patria: i.e., Tarquinii was his country only (*tantum*) on his mother's side.

8   **uentum erat**: "they had come"; impersonal construction.
    ei carpento sedenti: "from that man (Lucumo) while he was sitting in the cart"; *ei ... sedenti* is dative of separation.
    suspensis demissa ... alis: "after having lowered itself on hovering wings."
    pilleum: "cap, hat"; normally worn at festivals or by slaves as a mark of having been freed. See Ogilvie *ad loc*.
    ministerio: dative of purpose with *missa*.
    diuinitus: "by divine agency"; adverb.
    capiti: dative with the compound verb.

9   **perita** < *peritus*, "skilled in, experienced in" + genitive.
    ut uolgo Etrusci: sc. *sunt*.
    alitem ... uenisse ... fecisse ... leuasse: accusative and infinitives expressing Tanaquil's explanation of the prodigy.
    diuinitus: adverb, standing in contrast to the adjective *humana*.
    eidem: *capiti* is the antecedent.

10 **edidere** < *edo, edere, edidi, editum*, "give out, announce."
11 **sibi conciliando**: "by winning over." The object is *quos poterat*.
    fama: "report."
12 **Notitiamque eam ... adduxerat**: "he had changed this acquaintance." See *adduco OLD* 8b.
    breui: sc. *tempore*.
    apud regem: "in the presence of the king."
    officia: accusative object of *obeundo*.

in familiaris amicitiae ... iura: "into the rights of a close friendship."
bello domique: "at war and at home, in war and peace." The usual expression is *domi militiaeque*; cf. at 35.5.
expertus: "after having been tested." Although *experior* is deponent, the perfect participle here is passive in meaning.
regis: genitive with *liberis* and *testamento*.

35-39 THE REIGN OF LUCIUS TARQUINIUS PRISCUS

35.1 **cuilibet**: dative with *par*.
et artibus et gloria: ablatives of respect.
Eo: "for this reason"; referring to the previous statement.
instare: historical infinitive. Note the nominative subject.
regi creando: "for electing the king"; a gerundive dative of purpose.

2 **sub**: "just before" (*sub OLD* 23).
uenatum: "to hunt"; accusative supine of purpose after a verb of motion.
habuisse: "to have given"; *orationem habeo* is the usual idiom for "make a speech."

3 **se ... petere**: The indirect statement reporting Lucumo's speech continues through 35.5.
quippe qui non primus ... adfectet: "since he was not the first to aspire to."
quod: "something which." The antecedent of the relative pronoun is the whole previous phrase.
Romae: locative.

4 **ex quo ... fuerit**: "from the time he was an adult." Compare this statement with 34.7.
maiorem partem: accusative of duration of time.
qua: "in which (period of time)."
fungantur < *fungor*, "perform" + ablative.
quam: "than"; adverb with the comparative *maiorem*.

5 **domi militiaeque**: locatives.
in regem: "toward the king."

6 **Haec ... memorantem**: "(since he was) saying things (that were) not at all false"; i.e., clearly true.
Ergo ... ambitio est: Lucumo was as energetic in ruling as he had been in acquiring power.
cetera egregium: "outstanding in other aspects."
habuerat: "had displayed."
ambitio: subject of *secuta ... est*.
legit: "he enrolled."
minorum gentium: sc. *patres*. See Ogilvie *ad loc.*

factio ... haud dubia regis: "a reliable faction/party of the king."

7 **praedaque ... reuecta**: "Since greater plunder was brought back from it (*inde*) than the report of the war had been." The booty was more than reports of the war had led people to expect.

8 **circo**: "for the circus." See Ogilvie *ad loc.*
diuisa (*sunt*): "were allotted."
spectacula: "seats."
quisque facerent: *quisque* here takes a plural verb, as *pars* often does; see on 27.9 *Latine sciebant*.
fori < *forus, -i* m, "rows of seats.

9 **spectauere ... pedes**: "They watched (the games) from props which raised the high seats twelve feet from the ground."
ludi, Romani magnique uarie appellati: The Roman or Great Games were held September 5-19 in honor of Jupiter Optimus Maximus, whose temple had been dedicated on September 13 in 509 BCE.

10 **priuatis**: "to private individuals."
aedificanda ... loca: "places for building."

36.1 **coeptis**: "the things which had been begun"; dative with the compound verb *interuenit*.
Adeoque: adverb modifying *subita*.
prius ... quam = *priusquam* (by *tmesis*); *quam* marks the phrase with which the adverb belongs.
Anienem: See 27.5.

2 **trepidatum ... est**: "there was fear."
de integro: "anew."
suis ... uiribus: "his forces"; dative with *deesse* < *desum*, "be lacking."

3 **Id**: i.e., enrolling new centuries of cavalry; object of *fecerat*.
inaugurato: "after taking the auspicies"; a one-word ablative absolute.
negare ... neque ... neque: The negative force of the verb is reinforced, not cancelled, by the negatives in the conjunctions; *negare* is a historical infinitive.
mutari neque nouum constitui . . . posse: "that there could be any change or that anything new could be established." *mutari* is an impersonal passive.
addixissent: "had approved." The pluperfect subjunctive is used for the future perfect indicative in the protasis of a future more vivid condition in indirect statement. See *AG* 589.

4 **Ex eo ... mota** (*est*): "The king's anger was aroused by this (statement)."
eludens: "making fun of."

132   Livy, *Book I*

Agedum: "very well."
inaugura: "determine by augury"; imperative singular of *inauguro*.
fieri: *-ne* introduces an indirect question.
mente: "in mind."
hoc: "the following"; neuter accusative singular.
nouacula: "a knife."
cotem < *cos, cotis* f., "a grindstone."
5   **capite uelato**: ablative of description; see Ogilvie *ad loc.*
6   **belli domique**: locatives. Livy more commonly uses *domi militiaeque* (see *Praef.* 9, 15.6, 35.5).
    exercitus uocati: i.e., summoning of the army; an *a. u. c.* construction.
    summa rerum: "the most important actions."
    dirimerentur: "were broken off."
7   **alterum tantum**: "another group of similar size"; i.e., he doubled the size of the original three centuries.
8   **Posteriores**: predicative with *appellati sunt*; "they were called the newer/later ones."
    modo: "only."
37.1 **confligitur**: "there was conflict"; impersonal construction.
    praeterquam quod: "besides the fact that."
    uiribus: ablative of specification (*AG* 418).
    ex occulto: "secretly."
    missis qui ... conicerent: "with men having been sent to throw"; *missis* is a one word ablative absolute; *qui ... conicerent* is a relative clause of purpose (*AG* 531.2).
    uentoque iuuante: ablative absolute.
    accensa ligna ...sublicis: Read *accensa ligna et pleraque in ratibus, impacta sublicis* (see apparatus criticus), "the logs (which were) set on fire and most (of which were put) on rafts (which were) driven against the piles." *ligna* is the subject of *haererent* and *incendunt*. *sublicis*, "against the piles"; dative with *impacta*. For the construction of the bridge see on 33.6.
2   **effusis**: "for those who had been routed."
    eadem *(res)*: i.e., the burning of the bridge.
3   **positos**: "stationed"; sc. *equites* from *equitum* in the previous clause; subject of the indirect statement introduced by *ferunt*.
    sisterent < *sisto*, "stop (a moving object)."
    instantes cedentibus: "(who were) pressing upon those (Roman troops who were) giving ground."
4   **tenuere**: "reached" the hills.
    acti sunt: Grammatically the subject is *maxima pars*, but the number and gender of the verb come from *Sabini* which is understood.

5	**instandum** *(esse)* **perterritis ratus**: "since he decided it was necessary to pursue those who had been terrified." *instandum (esse)* is impersonal.
6	**poterant**: sc. *Sabini* as the subject. **consulendi ... spatium**: "time for forming a plan." **milite**: singular for plural. **prope**: "nearly."
38.1	**Sabinis**: "from the Sabines." **Collatiae**: locative. **ita**: "in the following way."
4	**ad uniuersae rei dimicationem**: "to a fight to settle the whole issue." **circumferendo arma**: "by spreading around his troops." **nomen Latinum**: See on 10.3. **aut qui**: *de eis* is understood as the antecedent for *qui*.
5	**animo**: "attention." **incohata**: sc. *sunt*. **quanta mole**: "with the amount of effort."
6	**qua**: "where." **loca ... aliasque ... conualles**: objects of *siccat*. **cloacis fastigio ... ductis**: "by sewers built down the slope into the Tiber."
7	**aream ad aedem**: "site for the temple." **futuram olim amplitudinem loci**: "the future greatness of the place one day." **occupat fundamentis**: "he marks off with foundations."
39.1	**uisu euentuque mirabile**: "amazing in its appearance and in its outcome"; *uisu* and *euentu* are ablative supines serving as ablatives of specification (*AG* 418; 510). **Puero dormienti**: dative of reference. **cui Seruio Tullio**: For the dative see on 34.3 *Egerio*. **caput arsisse**: This omen occurs twice in Vergil's *Aeneid* –at 2.681 (Ascanius) and at 7.71ff. (Lavinia)–with similar interpretations. For other legends associating the birth of future rulers with omens of fire, see Ogilvie *ad loc.*
2	**reges**: "the royal family." **retentum** (esse): sc. *eum*, referring to the *quidam familiarium*, as the understood subject. **sedato ... tumultu**: "after the uproar had quieted down." **experrectus esset** < *expergiscor*, "wake."
3	**lumen ... praesidiumque**: predicate accusatives after *futurum*. **rebus nostris dubiis**: "for our dubious fortunes." **regiae adflictae**: "for the palace (after it has been) struck down." **proinde**: "from now on."

134   Livy, *Book I*

materiam: "means" (*materia OLD* 8).

4   **puerum ... coeptum** *(esse)*: The indirect statement continues.
liberum loco: "as a child" (lit. "in the place of children"). See *locus OLD* 18c.
quod dis cordi esset: "since it was the will of the gods"; *dis* is a dative of reference; *cordi* is a dative of purpose (*AG* 382 note. 1); *quod* introduces a relative causal clause.
euasit: "turned out to be"; < *euado*.
indolis regiae: genitive of description; "of royal character."
ulla arte: "in any way."

5   **quacumque de causa**: "for whatever reason." Although Livy reports the omen, here he expresses some doubt about the story.
illi: "to that man (Servius)."
habitus: "shown."
credere prohibet: "prevents one from believing that."
seruisse = *seruiuisse*.
qui: subject of *ferunt*.
Corniculo: one of the towns of the *Prisci Latini*; see 38.4.
Ser. Tulli: genitive, modifying *uxorem*; the boy's father.
uxorem: subject of the indirect statement dependent on *ferunt*.
seruitio: ablative of separation after *prohibitam*.
partum: "child"; object of *edidisse*.
Romae: locative.

6   **et ... et**: "both ... and."
auctam *(esse)*: The indirect statement introduced by *ferunt* continues.
ut: causal.
a paruo: "from childhood."
fortunam matris ... ut ... fecisse: "the fortune of the mother brought it about that."

40 THE PLOT OF ANCUS MARCIUS' SONS AND THE DEATH OF PRISCUS

40.1   **ex quo**: "from the time."
maximo honore: ablative of description.

2   **pro indignissimo**: "as the greatest shame."
habuerant: "had considered"; introduces an indirect statement.
non modo: here "not only not." See *AG* 327.1.
ne Italicae quidem: Lucius Tarquinius Priscus was Etruscan.
tum: contrasts with *antea*. The appearance of Servius Tullius as a likely successor to Tarquinius has changed Ancus' sons' feelings. The reaction of Ancus' sons is somewhat odd: since the monarchy

had never been hereditary, they did not have a special claim to the throne, nor did they have evidence that Tarquinius would be allowed to choose a successor–something no previous king had tried to do.
crescere: historical infinitive.

3   **post centesimum fere annum quam**: "almost a hundred years after" (*AG* 434).
deo prognatus deus: Mars was the father of Romulus, and Romulus became the god Quirinus at his death/disappearance. See 16.
donec: "while."
seruus serua natus: See 39.5.
Cum ... fore: "The dishonor would be shared both with the Roman name and especially with their own house." *commune* is constructed with the genitive.
uirile stirpe salua: ablative absolute with a concessive force.

4   **grauior ultor**: predicate nominative following *futurus erat*.
facturus uidebatur: "he seemed likely to make."

5   **ad facinus**: "for the deed."
quibus: *agrestibus ferramentis* is the antecedent.
quam potuere tumultuosissime: "as disruptively as they were able"; cf 23.5 *quam proxime ... potest*.
specie rixae: "by the pretence of a fight."

6   **ex composito**: "in accordance with their plan."
7   **in eum**: Take with *intentus*.
elatam < *effero, efferre, extuli, elatum*, "lift up, raise."

41.1   **mirantium**: modifies *populi* even though the noun is singular.
arbitros: "spectators, witnesses."
quae ... opus sunt: "things that were needed"; here *opus* is in the predicate (*AG* 411b).

2   **Seruio ... accito**: dative with both *ostendisset* and *tenens*. *accito* < *accio*, "summon."
inimicis ludibrio: "an object of derision for her enemies"; double dative (*AG* 382, note 1).

3   **alienis manibus**: "by the hands of others."
sequere ... expergiscere: singular deponent imperatives.
clarum hoc fore caput: "that this (i.e., your) head would be famous."
igni: ablative.
tua ... consilia ... mea consilia: "your ability to think" (consilium *OLD* 8) ... "my advice."
re subita: ablative of cause.

4   **Nouam uiam**: the road along the north and west sides of the Palatine.
uersas: "turned (toward)," i.e., "looking out on."

5
ad: "near, next to"; *templum* is the understood object of *ad*.
bono animo: ablative of description.
confidere: sc. *se* (i.e., Tanaquil) as subject.
ipsum = *regem*; object of *uisuros*.
dicto audientem esse: "to obey" + dative; lit. "to be attentive to the word".
munia: "duties."

6
trabea: "royal robe."
alia ... de aliis: "some things ... about others."
per speciem alienae fungendae uicis: "by appearing to perform another man's duty." Servius was pretending to act for Tarquinius.
palam factum est: The subject is Tarquinius' death.
primus regnauit: "was the first to rule." The other kings had been asked to rule by the people and authorized by the senate.
uoluntate: "willingness, acquiescence"; as opposed to the legal ratification of his power.

7
ut: "when."
Suessam Pometiam: a town southeast of Rome on the border between the Latin and Volscan realms, between the Via Appia and Via Latina; possibly modern Caracupo. It too had disappeared by the time of Pliny the Elder. See on 33.1 *Politorium*.
exsulatum: "to live in exile"; accusative supine of purpose after a verb of motion (*AG* 509).

42.1
munire: historical infinitive.
ne, qualis ... esset: The relative adjective *qualis* (as often with Latin relatives) is placed before its antecedent (*talis*).

2
rupit: The subject is Servius.
quin ... faceret: either a clause of prevention: "(to prevent) from making" (*AG* 558) or a negative clause of result (*quin* = *ut non*), *AG* 559.1.

3
haud dubius: "the undoubted."

4
Seruium *(esse)* **conditorem**: indirect statement dependent on *posteri ... ferrent*.
gradus: "levels."
aliquid interlucet: "some (distinction) is made clear." See *interluceo OLD* 3.

5
uiritim: "by each man equally."
pro habitu pecuniarum: "according to his possession of wealth."
hunc: "the following"; Livy sets out the ranks in 43.
decorum: "appropriate to" + dative.

43 THE CENSUS

As Livy reports, Servius is credited with a variety of reforms, and particularly with dividing Roman citizens into different classes on the basis of wealth. The details that Livy gives about the monetary wealth and the military equipment of each level, however, do not go back to the regal period but come from a later writer who attempted to make sense of the distinctions for his own, probably 2nd century, audience.

43.1 **censum**: "a worth, rating."
quadragenas: "40 each."

2 **ut praesto essent, ut ... gererent**: These two purpose clauses offer the reasons for the division into *seniores* and *iuniores*.
foris: "outside, away from the city."
imperata: sc. *sunt*. Each man had to supply his own weapons; hence, the more money he had, the more weaponry he was ordered to furnish.
galea: "helmet." This particular helmet did not have a crest.
clipeum: "round shield."
ocreae: "greaves" (armor to protect the lower leg).
lorica: "breast-plate"; made of chain mail.

3 **fabrum** < *faber, fabri* m., "craftsman"; genitive plural.
stipendia facerent: "served, earned wages." See *stipendium OLD* 2b.

4 **Secunda classis**: *ex iis qui ... haberent* is understood.
omnia eadem: as the first class.

5 **totidem**: as in the second class.
aetatium: genitive plural < *aetas*. The usual form is *aetatum*.

6 **uerutum**: "javelin."

7 **accensi cornicines tubicinesque**: "hornblowers and trumpeters enrolled as auxiliaries"; *accensi* < *accenseo*, "attach as an attendant."
undecim milibus: "at 11,000"; ablative of price.

8 **Hoc**: ablative of comparison with *minor*; referring to the previous amount.
immunis militia: "exempt from military service."

9 **tribus ... institutis**: ablative absolute.
ex publico: "from the state treasury."
quibus: ablative of means; the antecedent is *bina milia aeris*; introduces a relative clause of purpose.
uiduae attributae *(sunt)*: "unmarried women were assessed."
quae ... penderent: relative clause of purpose.

10 **Non**: "no longer."
ut: "as."
seruauerant: "had preserved."

11	**iure**: "authority." **promisce**: "indiscriminately." **suffragio**: ablative of separation with *exclusus*. **uis**: "power." **uocabantur**: "were called to vote." The voting begins with the centuries at the highest level and moves down. Since the upper classes were divided into the largest number of centuries and each century had one vote, a smaller number of men–but the wealthier citizens overall–made the decisions. **ibi**: "at that point." **si uariaret**: impersonal; "if there were any disagreement." **raro**: "rarely." **<fiebat>**: "it happened (that)." **secundae classis**: genitive; sc. *centuriae*.
12	**post expletas ... tribus**: "after the 35 tribes had been filled." **centuriis**: "in respect to centuries"; ablative of specification. **ad ... summam non conuenire**: "does not agree with the sum."
13	**Quadrifariam**: "in four parts"; adverbial. **regionibus collibusque qui habitabantur**: "by the regions and hills that were inhabited." **tribus**: The names of the tribes were the Collina, Palatina, Esquilina and Sucusana (or Suburana). See Ogilvie *ad loc.* **nam ... ratio est**: "for the system of contributing it (the tax) equitably according to the census was begun by this same man (Servius)." **quicquam**: "in any way."
44.1	**de incensis**: "about people not registered in the census." **latae**: "passed"; modifies *legis*. **cum uinculorum minis mortisque**: "with threats of imprisonment and death."
2	**suouetaurilibus**: "by the sacrifice of a pig (*sus*), a sheep (*ouis*), and a bull (*taurus*). **idque conditum lustrum appellatum** (*est*): "and its conclusion was called a lustrum"; an *a. u. c.* construction. For the development of the *lustrum*, see Ogilvie *ad loc.* **ciuium**: partitive genitive with *milia octoginta*.
3	**ad**: "in accordance with." **amplificanda** (*esse*): "to need to be enlarged."
4	**uerbi uim ... intuentes**: "Those considering only the meaning of the word." See on 26.6 and Ogilvie *ad loc.* **postmoerium**: "a space behind the wall." If *pomerium* is derived from *postmoerium*, then it would refer to the space behind the wall from the perspective of both someone standing outside the wall and someone standing inside the wall.

circamoerium: "a space around the wall" and, therefore, on either side of it.
locus: in apposition to *circamoerium*.
qua murum ducturi erant: "where they were going to build the wall."
certis circa terminis: "after the boundaries had been clearly marked on both sides."
inaugurato: "after consulting the auspices."
(ut) **extrinsecus ... soli**: "and so that on the outside some land (*soli* < *solum*) might extend untouched by human cultivation."

5   **quantum ... tantum**: "however much ... this same amount."
proferebantur: "were extended."

45 THE TEMPLE OF DIANA

45.1   **aliquod ... decus**: "some honor"; the partitive genitive is expected with *aliquod*.
addere: complementary infinitive with *conatus est*.

2   **fama ferebat**: "tradition had it (that)," "the story was (that)."
laudare: historical infinitive.
de industria: "by great effort."
eadem: "the same things"; object of the gerund *iterando*.
perpulit: "convinced."

3   **armis certatum fuerat**: "wars had been fought." The verb is impersonal.
Id: the dispute about which was the leading community; subject of *uidebatur*.
omissum *(esse)*: "to be missing."
ob rem ... armis: lit. "because of the matter having been tested by arms so many times without success," i.e., "because the attempted military actions had failed so many times."
uni ... ex Sabinis: "to one of the Sabines."
se: object of *dare*. The antecedent is *fors*, "opportunity, chance."

4   **miranda magnitudine ac specie**: ablatives of description.
ei ... miraculo: dative of reference.

5   **Habita ... est**: "was considered."
prodigii loco: "as an omen." See *locus OLD* 18c.
cuius ciuitatis ... ciuis: "whichever state's citizen sacrificed the cow (*eam*) to Diana."
fore: future infinitive of *sum*; indirect statement introduced by *cecinere*.

6   **ut**: "when."
apta: "appropriate to" + dative.
actam deducit: See on 22.7 *aspernatus dimiserit*.
celebrata fama: "(which had been) made famous by report."

140 Livy, *Book I*

responsi: "prophecy."
Quin: "why not?" Translate with *perfunderis*: "Why don't you bathe, why not bathe?"
ante: adverb.
uiuo: "fresh."

7   **qui ... cuperet**: relative clause of cause.'
ut prodigio responderet euentus: "so that the outcome would match the prediction."

46-48 THE FALL OF KING SERVIUS TULLIUS

46.1   **usu**: "by prescription," a legal term. *usus*, the enjoyment or use of something over a period of time, confers title to it. Servius had not been officially elected king by the people.
iuuene Tarquinio: "young Tarquin," Lucius, one of the sons of Servius' predecessor Tarquinius Priscus.
uiritim: "to each man separately, individually."
ferre: "to bring for a decision"; a political expression.

2   **adfectandi** < *adfecto*, "pursue, aspire to."
immo: "nay, rather," i.e., "on the contrary."
agi: "that it was being done, action was being taken"; impersonal passive.
uxore Tullia: Tarquin's second wife, the younger daughter of Servius Tullius. He had originally been married to her sister (see 42 above). Since a woman's name consisted of the feminine form of her father's *nomen*, both sisters were named Tullia.

3   **et Romana regia**: "the Roman palace, too" (like the royal families of Greek myth).
maturior: "sooner."

4   **parum liquet**: "it is not clear"; introduces indirect question.
pluribus ... auctoribus: "in accordance with the majority of sources"; ablative absolute.
Arruntem Tarquinium: Arruns, who had originally married the younger daughter of Servius Tullius.

5   **ut ante dictum est**: at 42.1.
ita inciderat: "it had so happened."
ne duo uiolenta ingenia matrimonio iungerentur: The cruel Lucius was married to the gentler daughter, his brother Arruns to her cruel sister.
fortuna: ablative.
quo: "so that"; in clauses containing a comparative *quo* is regularly used instead of *ut* (*AG* 531a).

6   **mirari ... dicere ... spernere**: historical infinitives.
nacta < *nanciscor*, "find, get," especially by accident or without trying.

	cessaret: "she lacked" + ablative.
7	**ut fere fit**: "as usually happens."
	parcere: "spared" + dative; historical infinitive.
	se rectius ... futurum fuisse: "that she might better have been," i.e., "that it would have been better for her to have been."
	uiduam: "unwed."
	caelibem < *caelebs*, "unwed."
	ut elanguescendum ... esset: "so that they had to be weakened by another's cowardice."
8	**quo**: ablative with *digna*.
	propediem: "shortly, very soon."
9	**nouo matrimonio**: dative of purpose.
47.1	**in dies**: "day by day."
	praeterita: "past."
2	**non sibi defuisse cui**: "she had not lacked (one) to whom." Tullia's point is that she had had a do-nothing husband before.
3	**sin minus**: "but if not."
	eo: "for this reason, in this"; anticipates *quod*.
	peius: "for the worse."
	istic: "in you."
4	**Quin**: "why not?"
	accingeris < *accingo*, "gird on" a sword; the passive is reflexive.
	ab Corintho nec ab Tarquiniis: According to the traditional story Tarquinius Priscus was the son of a Corinthian and had come to Rome from the Etruscan town of Tarquinii. See 34 above.
	patriique: sc. *di*.
	solium: "throne."
5	**parum ... animi**: "too little spirit."
	Facesse hinc: "get thee hence, take yourself off from here."
6	**Tanaquil**: the wife of Tarquinius Priscus.
	continua: "in succession, one after the other."
7	**furiis**: "frenzied emotions."
	circumire et prensare: "went about and interviewed"; historical infinitives.
	admonere: "reminded of" + genitive.
	allicere: "enticed."
	pollicendo ... regis criminibus: "by promising ... by charges against the king."
8	**ut**: "when" + indicative.
	agendae rei: "to do the thing," i.e., "for action"; dative of purpose.
	stipatus: "surrounded closely, escorted."
	pro curia: "in the front of the Senate House, in the front part of the Senate House."
	praeconem < *praeco*, "herald."

142 Livy, Book I

9 **ne non uenisse fraudi esset**: "that not to have come might be dangerous"; *fraudi* is dative of purpose.
de Seruio actum (*esse*): "that it was all over for Servius, that Servius was finished" (*ago OLD* 21c.)
10 **stirpe ultima**: "low origin."
orsus (*est*) < *ordior*, "begin."
sui: i.e., Tarquin's.
seruum seruaque natum: subject of *occupasse*, "had usurped."
muliebri dono: Tanaquil had put Servius on the throne. See 41.
11 **fautorem** < *fautor*, "supporter."
odio: ablative of cause.
ereptum: with *agrum*.
sordidissimo cuique: "to all the basest (people)."
12 **insignis**: here "conspicuous."
locupletiorum: comparative < *locuples*, "wealthy."
unde ... largiretur: "from which he might give lavishly"; a relative clause of purpose.
48.1 **Quid ... rei**: "what thing, what?"
me uiuo: ablative absolute.
2 **ille**: i.e, Tarquin; *ille*, as often, changes the subject.
ad haec: sc. *diceret*.
(*se esse*) multo ... potiorem ... heredem: "that he was a much better heir."
filium regis: in apposition with (*se*).
per licentiam: "presumptuously."
insultasse < *insulto*, "behave insolently towards" + dative.
(*eum*) regnaturum (*esse*): accusative and infinitive.
3 **medium ... Seruium**: "the middle of Servius." Tarquin grabbed Servius at the waist.
ad cogendum senatum: "to assemble the Senate."
4 **exsanguis**: "bloodless" from loss of blood.
regio comitatu ... se reciperet: "was withdrawing with his royal retinue." Livy tells us earlier in the sentence that Servius' attendants and retinue fled; now Servius is fleeing with them.
5 **Carpento** < *carpentum*, "a two-wheeled carriage."
inuecta < *inueho*, in the passive, "ride into."
6 **facessere**: See on 47.5 *Facesse hinc*.
ad summum Cyprium uicum: "at the top of Cyprius Street"; modern Via del Cerdello and Via del Colosseo.
Dianium: a shrine to Diana.
flectenti: "(to her) as she was turning"; dative of reference.
Urbium cliuum: the Urbian Hill leading to the shrine of Diana.
Esquiliarum < *Esquiliae*, "the Esquiline" Hill.
restitit < *resisto*, "stop short."

Livy, *Book I*

iumenta < *iumentum*, "carriage horse."
7 **monumento**: dative of purpose.
Sceleratum uicum: "street of crime"; modern Via di S. Pietro in Vincoli.
furiis: avenging "Furies" as in Greek tragedy.
penates suos uirique sui: "her own Penates (household gods) and those of her husband."
quibus iratis: ablative absolute.
8 **ceterum**: "but."
accessit: "was added."
9 **eum ... habuisse**: accusative and infinitive.
quidam auctores sunt: i.e., "some authors say."
agitanti: "thinking over"; dative with *interuenisset*.

49-60 THE REIGN OF LUCIUS TARQUINIUS SUPERBUS

49.1 **occepit**: "began."
Superbo: The name has been attracted into the dative by *cui*; cf. 34.3 *Egerio*.
sepultura: ablative of separation.
2 **Romulum ... dictitans**: For the disappearance of Romulus, see 16.
insepultum: "unburied."
rebus: dative with *fauisse*.
male quaerendi regni ... posse: "that from him himself (*ab se ipso*) a model for wrongfully seeking the throne could be taken (and used) against him"; indirect statment introduced by *conscius*, "aware (that)." *ab se ipso* is ablative of source (*AG* 403.1).
armatis: "with armed men"; ablative of means.
3 **ad ius regni quicquam**: "anything in respect to the right of the throne," i.e., "any just claim to the throne."
ut qui: causal, "since he."
4 **Eo accedebat ut**: "it was added to this, that," i.e., "in addition"; *ut* introduces a substantive clause of result.
nihil spei: "no hope"; *spei* is a partitive genitive.
reponenti: "placing"; dative of agent with the passive periphrastic.
regnum tutandum esset: "the throne had to be protected."
Quem ut = *ut metum*; *quem* is a connecting relative.
pluribus: dative with the compound verb *incuteret;* "he might impose."
capitalium rerum: "capital offenses."
5 **multare**: "fine, punish with the loss of" + accusative of the person and ablative of the fine/punishment.
unde: "those from whom."
6 **legere**: "to enroll."

144   Livy, *Book I*

  quo = *ut eo*; see on 30.1 *quo*.
  minusque: *minus* modifies *indignarentur*. Superbus has arranged matters so that even the senators—because of their small number—consider it inappropriate for them to conduct business.
7 **morem ... senatum consulendi**: "the custom of consulting the senate."
  domesticis consiliis: "by plans formed within his household."
8 **peregrinis quoque opibus**: "by foreign support also."
  hospitia: "guest-friend relationships."
  eorum = *Latinorum*.
  adfinitates: "connections by marriage."
9 **nominis**: "people"; See on 10.3 *nominis*.
  nuptum: "in marriage."
  eius = *Mamilii*.
50.1 **in diem certam**: "on a certain day." For *in* + accusative in time constructions, see *AG* 424e.
  esse (*ea*): "there were things." The indirect statement is introduced by *indicit*.
  agere < *ago*, "discuss" (*ago OLD* 40).
2 **diem ... seruauit**: "kept the day," as we might say "keep an appointment." See *seruo OLD* 4b. Tarquin kept his appointment, but came insultingly late.
  toto die: "during the whole day"; ablative of time within which.
3 **in**: "against."
  mussitantes: "muttering quietly, grumbling."
  uolgo: adverb, "commonly."
  appellare: infinitive in indirect statement.
4 **ut si iugum acceperint, obnoxios premat**: "so that if they accepted the yoke (of slavery), he might oppress them (because they were) submissive." Turnus' point is that Superbus is testing them to see how far he can push them without attacking openly. If they put up with this abuse of their time, what else will they allow Superbus to do to them?
  apparere: Treat the infinitive as impersonal.
  eum = *Tarquinium*; the subject of *adfectare*.
5 **quod**: *imperium* is the antecedent; *quod* is a connecting relative.
  crediderint < *credo*, "entrust"; *ei* (*Superbo*) is understood.
  illud: The antecedent is *imperium*; subject of *creditum* and *raptum sit*.
  parricidio: ablative of means.
  credere ... debere: "(then) the Latins also ought to entrust it (power) to him, although they ought not to do it even in this case (*sic*), (because he was) a foreigner."

6   **suos eius paeniteat**: "but if his own citizens should be dissatisfied with him." The impersonal verb taks the accusative of those feeling the emotion and the genitive of its cause. See *AG* 354b.
qui: the subject of *trucidentur, eant,* and *amittant.*
alii super alios: "one after another"; in apposition to *qui.*
exsulatum: "into exile"; accusative supine of purpose after a verb of motion (*eant*).
portendi < *portendo,* "hold out, portend"; present passive infinitive.
se = *Turnum* (the speaker).
quemque ... abituros: "they would each go away"; singular subject with a plural verb, as often with *quisque.* See *AG* 317e.

7   **eodem pertinentia**: "tending in the same direction," i.e., "with the same import."
cum maxime: "when especially," i.e., "just when."

8   **orationi**: dative of reference.
ad Tarquinium salutandum: gerundive purpose clause.
qui: refers to Tarquin; subject of *ait.*
id temporis = *eo tempore*; *id* is an adverbial accusative (*AG* 397a).
disceptatorem: "arbiter" + *inter* + accusative.
sumptum: "(because he had been) called upon."
cura: "by a concern" + objective genitive.
quae: The antecedent *ea* is understood.

9   **tacitum**: "silently, in silence." An adjective agreeing with the subject often has an adverbial force (*AG* 290).
ni = *nisi.*
habiturum esse: "should receive"; *filium* is the understood subject.

51 TARQUINIUS' PLOT AGAINST TURNUS

51.1   **Aricinus**: "the man from Aricia"; i.e., Turnus.
quam rem: object of *ferens.*
quam: "than"; with the comparative adverb *aegrius.*

2   **pro imperio**: "by his authority."
interfici: complementary to *poterat* with *Turnus* as the understood subject.
oblato < *offero,* "present, show."
crimine: "charge."
deuersorium: "inn, accommodations."
eius = *Turni.*
uim: "amount."

Livy, Book I

3   **una nocte**: i.e., "on that very same night."
lucem: "dawn."
accitis ... principibus: ablative absolute.
saluti: dative of purpose.
sibi atque illis: dative of reference; *sibi* refers to Tarquinius, the speaker.
4   **dici**: impersonal, "he was told."
Latinorum: partitive genitive with *solus*.
adgressurum fuisse: "he would have attacked"; protasis of a past contrary to fact condition in indirect statement with the apodosis "if things had gone as he planned" understood. See *AG* 589b.
dilatam ... esse: "was delayed."
5   **absentis**: "against the absent man"; i.e., Superbus; objective genitive.
quin: "but that, that"; introduces a clause of doubting (*AG* 558).
uentum sit: "everyone had come"; impersonal construction.
instructus: "equipped."
6   **gladiorum**: partitive genitive governed by *numerum*.
ad eum: "to his quarters."
conuectum < *conueho*, "bring together."
id ... sit: "whether or not this (report) was false."
7   **Suspectam**: "believable."
Eunt: i.e., to Turnus' dwelling place.
8   **eo**: "there."
caritate domini: "because of concern for their master"; *caritate* is ablative of cause; *domini* is objective genitive.
deuerticuli < *deuerticulum*, "inn."
9   **indicta causa**: "without a hearing."
deiectus ... mergeretur: "after he had been thrown in at the source of the Ferentina stream, he was drowned by means of a wicker cage which they threw in on top of him and by the rocks piled on top of it."
52.1   **qui**: relative clause of cause: "since they ...."
nouantem res: "(who was) overthrowing the government."
adfecissent < *adficio*, "visit with (death, punishment)"; (*adficio OLD* 4b).
2   **uetusto iure**: "in accordance with an old law."
cesserit < *cedo*, "pass (into)."
3   **ceterum**: "but, however that might be."
utilitatis magis omnium causa: "for the sake of the greater advantage of all."
secunda ... fortuna: ablative with *fruantur* < *fruor*, "enjoy."
potius ... quam: "rather than."

perpessi sint < *perpetior*, "endure"; subjunctive in a subordinate clause in indirect statement.

4 **persuasum** (*est*) **Latinis**: "the Latins were persuaded"; impersonal construction; cf on 26.12 *imperatum patri*.
capita: "leaders."
sui cuique periculi ... documentum: "evidence for each man of his own danger."

5 **indictum** (*est*) < *indico*, "declare publicly, proclaim."
ex: "in accordance with."
die certa: cf. 50.1.

6 **ad edictum**: "at the summons."
ex omnibus populis: partitive construction modifying *qui*.
secretum: "hidden."

53-54 SEXTUS TARQUINIUS TAKES GABII

53.1 **Nec**: Take the negative with the second clause.
ut: "as."
quin: "rather."
ni = *nisi*.
degeneratum < *degeneratum, -i* n., "degenerate character."

2 **in ducentos ... annos**: "lasting more than 200 years after his own age." See *in* OLD 23b.
Vbi: "and at this time."

3 **diuidenda praeda**: ablative of source.
refecisset: "had made, realized" (used of money); *reficio* OLD 7.
concepit animo: "envisioned."
quae ... quae ... quae: Understand *digna* + ablative with each relative pronoun.

4 **Excepit ... eum**: "engaged his attention."
lentius spe: "more prolonged than he hoped."
quo: "in which."
pulso: "from him (Tarquinius), (since he had been) driven"; ablative of separation.

5 **posito** = *deposito*, "set aside, given up."
fundamentis ... operibus: dative with *intentum esse*, "intent on."
ex composito: "according to the plan."
saeuitiam (*esse*) **intolerabilem**: indirect statement. The indirect statement governed by *conquerens* continues through 53.9.

6 **uertisse**: sc. *Superbum* as the subject.
et liberorum ... taedere: "and also his crowd of children was annoying him." *taedere* is impersonal. For the construction see on 50.6 *suos eius paeniteat*.

148   Livy, *Book I*

7   **quam ... quem** = *aliquam ... aliquem.* See on 28.6 *quo.*
    nihil ... tutum: "nothing safe"; i.e., "no safety."
    errarent: sc. *Gabini* as the subject.
    manere: *bellum* is the subject.
    positum (*esse*): "has been given up"; cf. 53.5 *posito.*
    per occasionem: "at the first opportunity."
    incautos: "(when they, i,e., the people of Gabii are) unprepared."
8   **quod si:** "but if."
    supplicibus: dative with *locus.*
    sciant: "know how to" + complementary infinitive.
10 **si nihil morarentur:** "if they did not heed (his request)."
    abiturus (*esse*): Note the nominative with *uideretur* (*AG* 498a).
    Vetant: "they forbid him" + infinitive.
    qualis ... talis ... esset: "he was the sort of person (*talis*) as (*qualis*)."
    in: "toward."
11 **ipsum ... saeuiturum** (*esse*): indirect statement reporting the words of the people of Gabii to Sextus. The indirect statement continues through the end of the section.
    futurum (*esse*) **... ut:** "it would happen that"; *futurum* (*esse*) is the infinitive of an indirect statement with *credere.*
    breui: *tempore* is understood.
54.1 **adhiberi:** historical infinitive with *Sextus* as the subject.
    auctor: "an advocate" + objective genitive.
    sibi praecipuam: "peculiar to him"; explained by *quod ... potuisset.*
    nosset = *nouisset,* "he knew, he was acquainted with"; < *nosco.*
    ciuibus: dative with *inuisam,* "hateful."
2   **praedatum:** "to plunder, to make a raid"; accusative supine of purpose after a verb of motion (*AG* 509).
    dux: "as leader"; predicate nominative after *legitur.*
3   **superior esset:** "was victorious."
    dono deum: "as a gift from the gods"; *dono* is dative of purpose.
    missum (*esse*): indirect statement following *credere.*
    credere: historical infinitive.
4   **tanta caritate:** "so dear"; ablative of description.
    Romae ... Gabiis: locatives.
5   **conatus** < *conatus,* "effort, attempt."
    sciscitatum: "to ask"; accusative supine of purpose. See on 54.2 *praedatum.*
    quando: "since."
    ut omnia ... posset: "to be able (to do) everything."
    unus: "alone."

6	**dubiae fidei**: "of questionable loyalty"; genitive of description modifying the subject "he" (*nuntius*). **uoce**: "out loud, in words." **deliberabundus**: "thinking, contemplating." **papauerum** < *papauer, -is* f., "poppy." **baculo**: "staff." **decussisse** = *decussauisse,* "to have knocked off."
7	**ut re imperfecta**: "as if his task were unaccomplished." **ira ... odio ... superbia insita**: ablatives of cause. **ingenio**: ablative of place where with *insita*, "inborn, innate."
8	**Sexto**: dative of reference with *patuit*. **tacitis ambagibus**: "by his silent wanderings." *ambages* can also mean "riddle" since Tarquin's actions convey a disguised message. **alios ... alios**: "some ... others." **sua ... inuidia opportunos**: "(who were) open (to attack) because of their own unpopularity"; *sua* here equals an objective genitive. **minus speciosa**: "less believable."
9	**diuisui fuere**: "were (available) for dividing"; *diuisui* is a dative of purpose.
10	**dulcedine priuati commodi**: "by the pleasure of personal advantage." **sensus**: "indignation" + objective genitive. **consilio auxilioque**: ablative of separation with *orba*, "left without." Literally *orbus, -a, -um* refers to the loss of a family member, especially a parent or a child. Here Livy describes Gabii as orphaned because Sextus has destroyed its leaders, its caretakers, as it were.

55 THE TEMPLE OF JUPITER CAPITOLINUS

55.1	**ut**: introduces a purpose clause. **monumentum**: "as a memorial" + objective genitive. **Tarquinios reges ambos**: accusative subject of *reliquisse monumentum* (understood); *patrem* and *filium* are distributive in that they specify what each man did. See Ogilvie on 35-8 and 49-60 for the difficulties in the tradition regarding the two kings.
2	**exaugurare**: "to deconsecrate." **quae aliquot**: "some of which." **in ipso discrimine ... pugnae**: "at the deciding moment of the battle."
3	**mouisse numen ... deos**: "that the gods moved their own divine will" since gods must agree to move and must move themselves. **aues**: "birds" (which signify an omen from the gods). **in Termini fano**: "in the case of the shrine of Terminus."

4	**non motam** (*esse*) ... **non euocatum** (*esse*) **sacratis sibi finibus**: "(the fact that) the seat of Terminus was not moved and that he alone of the gods was not summoned from the boundaries sacred to him." These accusatives and infinitives serve as the subjects of *portendere*.
5	**Hoc ... auspicio**: the fact that Terminus would not move. **aperientibus fundamenta**: "to those digging the foundations."
6	**quique ... quosque**: "both those who ... and those whom."
7	**impensas**: "expenditure, outlay." **manubiae**: "proceeds from the sale of plunder." Livy mentions Tarquin's capture of Suessa Pometia at 53.2-3. **perducendo ad culmen operi**: "for leading the work to its conclusion." **in fundamenta**: "for the foundations."
8	**Eo**: "for this reason." **Fabio**: dative with *crediderim*; Fabius Pictor was one of the earliest Roman historians. See Ogilvie *Introduction,* p. 7. **quadraginta ... fuisse**: "that the amount was only forty talents."
9	**quam**: "than." **Pisoni**: Lucius Calpurnius Piso Frugi, one of Livy's sources. See Ogilvie *ad loc.* **in eam rem**: "for this project." **summam pecuniae**: "a sum of money." **neque ... sperandam**: "not to be expected." **tum**: "at that time." **et nullius ... exsuperaturam**: "and likely to excel the magnificence even of any of these works," i.e., the works of Livy's own time. The negatives (*nullius* and *non*) cancel each other out.

56 TARQUINIUS SUPERBUS SENDS ENVOYS TO DELPHI

56.1	**templo**: the great temple to Capitoline Jupiter. **fabris ... accitis**: "having summoned workmen"; ablative absolute. **pecunia ... publica**: ablative with *est usus*. **operis** < *opera*, here "workman." Tarquin used the *plebs* for forced labor. **Qui cum ... labor**: "and although this labor"; *qui* is a connecting relative. **grauabatur**: "regarded as a burden, was annoyed." **ad alia ... opera**: "to other works"; *opera* < *opus*.
2	**laboris ... maioris**: genitive of description. **foros** < *forus*, "row of seats" in the Circus. **cloacamque maximam**: "the great sewer," which drained the Forum. Portions of it still exist.

Livy, *Book I*

    noua haec magnificentia: the present grand building plan of Augustus.
    quicquam adaequare: "to make anything equal to" + dative.
3   **exercita** < *exerceo*, "employ, keep busy."
    urbi ... oneri: "a burden to the city"; double dative.
    usus: "need, necessity."
    rebatur: The subject is Tarquin.
    Signiam Circeiosque: Signia and Circei (modern Segni and Monte Circello). Both towns are south of Rome, Signia on a hill between the Via Latina and the Via Appia, and Circei on the coast near Tarracina.
    praesidia ... futura: "future garrisons."
    terra marique: "on land and sea."
4   **anguis**: "snake."
    fugam in regiam: "flight into the palace."
5   **cum**: "although."
    uates: "soothsayers, prophets."
    Delphos: "to Delphi."
6   **sortium** < *sors*, here "oracular response."
7   **longe alius**: "far other", i.e., very different.
    quam cuius simulationem induerat: "than (the person) whose false likeness he had put on."
    in quibus: "(and) among them."
    interfectum *(esse)*: infinitive in indirect statement after *audisset*. It agrees in number with *fratrem suum*, the nearest subject.
    neque ... relinquere statuit: "decided to leave nothing either in his spirit for the king to fear or in his fortune for him to desire."
    parum praesidii: "too little protection."
8   **ex industria**: "on purpose, deliberately."
    suaque: "and his (property)."
    praedae ... regi: double dative.
    Bruti ... cognomen: *Brutus* means "dull-witted, stupid."
    ille ... animus: "that great soul"; in apposition with *liberator*.
    opperiretur < *opperior*, "wait for."
9   **ad id**: "for it"; with *cauato*.
    donum: "(as a) gift."
    ambages: "riddle."
10 **Quo**: connecting relative; the antecedent is *Delphos*.
    sciscitandi < *sciscitor*, "inquire."
    Ex infimo specu: "from the bottom of the cave."
    uestrum < *uos*; partitive genitive.
11 **Tarquinii**: i.e., Titus and Arruns. A third brother, Sextus, had been left at home.
    expers: "without a share."
    summa ope: "with the greatest attention, with extreme diligence."

12	**sorti permittunt**: "left (it) to chance." **alio ... spectare**: "looked elsewhere," i.e., "meant something else." **Pythicam** < *Pythicus*, "Pythian," referring to Apollo at Delphi.
13	**Reditum** (*est*): "they returned"; impersonal passive.

57-59 THE RAPE OF LUCRETIA AND THE FALL OF THE TARQUINS

57.1	**ut in**: "for, considering"; see on 18.1 *ut*. **ditari** < *dito*, "enrich." **popularium** < *populares*, "democrats, the party of the people." **infestos**: "hostile"; with *animos*.
2	**se ... habitos** (*esse*): accusative and infinitive.
3	**processit** < *procedo*, "make progress, succeed."
4	**statiuis** < *statiua*, n. pl., "fixed camp, stationary camp." **ut fit**: "as happens." **commeatus**: "furloughs, leaves."
5	**comisationibus**: "carousals, revels."
6	**potantibus his**: ablative absolute. **Collatinus ... Tarquinius, Egeri filius**: Collatinus was second cousin to the young Tarquins. His father Egerius was the son of the brother of Tarquinius Priscus. See 34.3 and 38.1. **laudare**: historical infinitive.
7	**opus esse**: "that there was need for" + ablative. **praestet** < *praesto*, "excel"; + dative. **Quin**: "why ... not, why don't we?" **praesentes**: "in person." **Id cuique spectatissimum sit**: "let this be the surest test for each (wife)." **necopinato**: "unexpected." **'Age sane'**: "come on, then!"
8	**Collatiam**: the home of Collatinus, a small town about 13 miles east of Rome.
9	**nurus**: "daughters-in-law." **aequalibus**: "contemporaries, companions"; < *aequalis*. **lanae** < *lana*, "wool." Lucretia, good matron that she was, was spinning or weaving far into the night. **lucubrantes** < *lucubro*, "work by lamp-light." **penes**: "with, in the power of" + accusative.
10	**excepti** < *excipio*, "receive." **comiter**: "courteously." **stuprandae** < *stupro*, "ravish."
58.2	**hospitale**: "pertaining to a guest."

4	**dedecus**: "disgrace."
5	**uelut uictrix**: "as if victorious."
	tanto malo: ablative of cause.
	nuntium ... eundem: "the same messenger."
	facto maturatoque opus esse: "there was need of the deed and of haste," i.e, "it was necessary to act and to do so quickly." With *opus est* the perfect participle may be used as an abstract noun (*AG* 497a).
6	**conuentus** < *conuenio*, "meet."
7	**'Satin salue?'**: "(are you doing) well enough?", an old-fashioned greeting. *satin = satisne; salue* is an adverb.
	salui: partitive genitive.
	insons: "innocent."
	dexteras fidemque: "your right hands and a pledge," by *hendiadys* "a pledge by your right hands"; introduces accusative and infinitive.
8	**pro**: "instead of."
	mihi sibique: dative with *pestiferum*.
9	**ordine**: "in turn."
	aegram animi: "sick at heart"; *animi* is locative.
	unde consilium afuerit: "where intention was lacking."
10	**uideritis**: "you shall have determined, it is for you to see."
11	**Cultrum** < *culter*, "knife."
12	**Conclamat**: "called aloud," used of calling the name of the dead.
59.1	**illis**: Lucretia's father and husband.
	Per hunc ... sanguinem: "by this blood."
2	**stupentibus**: picks up the preceding datives.
	totique: "and altogether, totally." As often, the adjective in agreement with an unexpressed subject is best translated adverbially.
3	**Elatum** < *effero*, "carry out" of corpses.
	concientque < *concieo*, "assemble."
4	**auctorque ... capiendi**: "and the advocate of taking"; *capiendi* is an objective genitive following *auctor*.
	quod ... deceret: "a thing that befitted," i.e., "as befitted."
	aduersus hostilia ausos: "against (those) daring hostile acts."
5	**duce Bruto**: "with Brutus as the leader"; ablative absolute.
6	**quacumque**: "wherever."
	rursus: "on the other hand."
	haud temere esse: "was not without reason."
7	**tribunum celerum**: "tribune of the Celeres"; see 15.8.
	magistratu: "office."
8	**oratio habita** (*est*): "a speech was delivered, he delivered a speech."
	nequaquam: "not at all."
	eius pectoris ingeniique: genitive of description.

	orbitate < *orbitas*, "bereavement."
	Tricipitini: Lucretia's father was Spurius Lucretius Tricipitinus.
	morte: ablative of comparison.
9	**demersae** < *demergo*, "submerge, sink"; with *plebis*.
	opifices ac lapicidas: "workmen and stonecutters," but the words imply slavery rather than honest labor. See Ogilvie *ad loc.*
10	**ultores** < *ultor*, "avenger."
11	**His atrocioribusque ... aliis ... memoratis**: ablative absolute.
	haudquaquam relatu scriptoribus facilia: "not at all easy for writers to report"; *relatu* is supine (*AG* 510).
	subiecit < *subicio* "supply, suggest."
12	**nomina dabant**: "enlisted."
	Ardeam in castra: "to Ardea, to the camp." We would say "to the camp at Ardea."
	praefecto ... instituto: "(who) had been made prefect."
13	**exsecrantibus ... uiris mulieribusque**: ablative absolute.
60.2	**Tarquinio**: dative of disadvantage.
	exsulatum: "to be an exile, into exile"; supine of purpose < *exsulo*.
	Caere: "to Caere."
	Gabios: "to Gabii." For Sextus Tarquin's activities at Gabii see 53.
	simultatium < *simultas*, "feud."
3	**comitiis centuriatis**: "at the assembly by centuries" which chose higher magistrates (but the reference is anachronistic). See Ogilvie *ad loc.* and 43.
	ex commentariis: "in accordance with the handbook." In 43 Livy discusses the constitution of Servius Tullius.